Fisch & Meeresfrüchte

Elisabeth Bangert

Fisch & Meeresfrüchte

EDITION XXL

Inhaltsverzeichnis

Red Snapper on ice

Ein leckeres Rezept dazu finden Sie auf Seite 94–95.

Vorwort

Eigentlich essen Sie gerne Fisch oder Meeresfrüchte, trauen sich aber nicht so recht an die Zubereitung ran? Sie würden Fisch schon mögen, wenn nicht immer dieses lästige Gefummel durch die Gräten wäre? Ein Hobbyangler bietet Ihnen regelmäßig Fisch an, Sie können mit diesem aber nichts anfangen? An der Fischtheke sind Sie völlig überfordert und es überkommt Sie eine Art „Schwellenangst"?

Der Zurückhaltung bei der Zubereitung und dem viel zu seltenen Verzehr von Fisch und Meeresfrüchten möchte ich gerne entgegenwirken und gebe Ihnen Antworten auf alle wirklich wichtigen Fragen.

Häuten, Filetieren, Schuppen und Schälen – das hört sich alles ziemlich kompliziert an – ist es aber nicht! Mit wenigen Anleitungsschritten zeige ich Ihnen die Vor- und Zubereitung verschiedenster Fische und Meeresfrüchte, wie sie zum einen in einheimischen Gewässern vorkommen, die Sie aber auch im Super- und auf dem Wochenmarkt erhalten.

Eine kleine Einleitung zu den Fisch- und Meeresfrüchtearten verrät Ihnen die Herkunft, das Aussehen und alles, was Sie beim Kauf beachten sollten. Sie bekommen einen Überblick über praktische Küchenhelfer, die Ihnen den Umgang mit Fischen und Meeresfrüchten erleichtern.

Die unterschiedlichsten Rezepte werden Ihnen zeigen, wie vielseitig Fisch sein kann. Neben der klassischen Bouillabaisse werden Sie z. B. auch eine schnelle Paella mit Garnelen oder ein ausgefallenes Gericht mit Seeteufel – garantiert frei von Gräten – finden.

Trauen Sie sich! Der Sprung ins kalte Wasser wird sich ganz sicher lohnen!

Ihre

Elisabeth Bangert

Warum sind Fische und Meeresfrüchte so gesund?

Fisch ist aufgrund seines geringen Bindegewebeanteils leicht verdaulich, sodass sogar eine Fischmahlzeit am Abend den Körper kaum belastet. Außerdem ist Fisch kalorienarm. Man tut also etwas für die schlanke Linie, wenn man öfter mal eine Fischmahlzeit einplant.

Fisch enthält zusätzlich viele verschiedene Inhaltsstoffe, die unsere Gesundheit unterstützen. Die meisten Fischarten haben im Vergleich mit Fleisch sehr wenig Fett. Und das Fett, das im Fisch vorkommt, ist zudem auch noch „besser“ als das, das in unseren anderen Nahrungsmitteln vorhanden ist. Das liegt an dem hohen Anteil an ungesättigten Fettsäuren, den so genannten Omega-3-Fettsäuren, im Fisch.

Dazu kommt, dass Fisch reich an Proteinen, Mineralstoffen, Spurenelementen und natürlichen Vitaminen ist und so einen wertvollen Bestandteil unserer Ernährung darstellt. Das reichlich im Fisch vorkommende Vitamin D hilft z. B. vorbeugend gegen Osteoporose, das B-Vitamin Niacin reguliert den Blutzucker und ist am Stoffwechsel von Fettsäuren und Cholesterin beteiligt.

Fisch/Meeresfrucht	**Kalorien** (in kcal)	**Eiweiß** (in g)	**Fett** (in g)
Aal	280	15,5	24
Bachforelle	100	20	2,8
Barsch	80	18,5	0,7
Flunder	70	17	0,7
Garnele	90	19	1,5
Hecht	81	18,1	0,8
Heilbutt	100	20	2,4
Hering	195	8,5	18
Kabeljau	74	17,5	0,65
Karpfen	117	18,2	4,9
Katfisch	89	16	2,9
Lachs	200	20	14
Makrele	181	19	11,4
Miesmuschel	50	10	1,4
Rotbarsch	104	18,3	3,8
Schellfisch	78	18	0,59
Scholle	85	17	2
Seelachs	83	18	0,9
Seezunge	85	17,8	1,5
Thunfisch	230	21,2	15,7
Zander	85	19,3	0,75

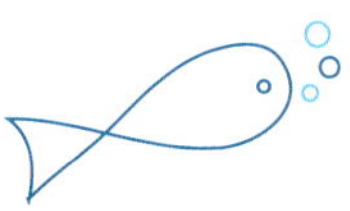

Was bewirken die Omega-3-Fettsäuren im Fisch?

Die ungesättigten Omega-3-Fettsäuren im Fischfett wirken sich auf viele Organe und Funktionen des menschlichen Körpers positiv aus und halten damit Herz und Kreislauf in Schwung. Sie erweitern die Gefäße und verringern so das Risiko der Arterienverkalkung. Außerdem verbessern sie die Blutgerinnung, senken die Blutfettwerte, d. h. den Cholesterinspiegel, und regeln den Blutdruck.

Studien haben bewiesen, dass das Schlaganfallrisiko durch eine fischreiche Ernährung um 75 % gesenkt wird. Auch die Volkskrankheiten Rheuma und Migräne sollen durch den regelmäßigen Verzehr von Fisch positiv beeinflusst werden.

Die meisten Menschen glauben, dass diese wunderbaren Fettsäuren nur in Salzwasserfischen enthalten sind. Dies ist aber nicht richtig, denn auch in dem einen oder anderen Süßwasserfisch kommen die Omega-3-Fettsäuren vor, so enthält z. B. die Forelle sogar mehr Omega-3-Fette als der Seelachs oder der Kabeljau. Sie können also auch zu Süßwasserfisch greifen, wenn Sie Ihrer Gesundheit etwas Gutes tun möchten.

Vitamin A (in mg)	Vitamin E (in mg)	Vitamin B_1 (in mg)	Vitamin B_2 (in mg)	Niacin (in mg)	Vitamin B_6 (in mg)	Vitamin C (in mg)
1	0	0,19	0,3	2,5	0,29	0
0,04	0	0,07	0,09	3,3	0	0
0,0069	1,2	0,08	0,1	1,8	0	0
0,011	0,35	0,23	0,2	3,5	0,26	0
0	0,048	0,048	0,045	2,5	0,14	2
0,016	0,25	0,1	0,05	2	0,16	0
0,035	1	0,09	0,069	6	0,4	0
0,04	1,4	0,039	0,2	3,9	0,43	0
0,01	0,33	0,06	0,048	2	0,22	2
0,05	0,49	0,075	0,055	2	0,14	1
0,02	2	0,22	0,058	2,5	0	0
0,07	1,6	0,18	0,18	7,6	1	1
0,11	1,35	0,15	0,36	7,8	0,6	0
0,05	0,7	0,17	0,2	1,5	0,07	3
0,01	1,4	0,1	0,08	2,4	0	1
0,018	0,4	0,048	0,18	3,2	0	0
0,003	0	0,2	0,2	3,9	0,2	2
0,011	0	0,1	0,34	4,1	0	0
0	0	0,059	0,1	2,9	0	0
0,5	0	0,17	0,15	8,6	0,5	0
0	0	0,17	0,24	2,2	0	1

Warum ist das Jod so wichtig für uns?

Was die wenigsten wissen, ist, dass auch heute noch in vielen Regionen Deutschlands, Österreichs und der Schweiz ein akuter Jodmangel in der Bevölkerung herrscht. Deutschland ist sogar im internationalen Vergleich ein regelrechtes Jod-Notstandsgebiet, in dem ungefähr 80 % der Bevölkerung nicht ausreichend mit Jod versorgt werden. Die Folge davon ist, dass viele Millionen Menschen an folgenschweren Jodmangel-Erkrankungen leiden.

Das Spurenelement Jod ist ein lebensnotwendiger Baustein für den Hormonaufbau in der menschlichen Schilddrüse. Unser Körper kann Jod leider nicht selbst herstellen, sondern muss es mit der Nahrung zu sich nehmen. Fehlt dem Körper Jod, erzeugt die Schilddrüse zu wenig Hormone. Hormone steuern jedoch unsere Körperfunktionen, die bei Jodmangel somit empfindlich gestört sind. Das alles lässt sich vermeiden, wenn Sie regelmäßige Mahlzeiten mit Salzwasserfischen und Meeresfrüchten in Ihren Speiseplan aufnehmen. So haben Seelachs, Scholle, Kabeljau, Rotbarsch, Makrele, Meeräsche und Schellfisch den größten Jodgehalt. Süßwasserfische enthalten dagegen nur wenig Jod.

Schon mit zwei oder drei Fischgerichten in der Woche haben Sie Ihre Gesundheit also entscheidend unterstützt und sich kalorienbewusst ernährt. Und weil Fisch auch noch herrlich schmeckt, hatten Sie zusätzlich Ihren Spaß und viel Genuss dabei. Was will man mehr?

Worauf muss ich beim Einkauf von Fischen und Meeresfrüchten achten?

Worauf muss ich beim Fischeinkauf achten?

Wenn Sie Ihren Fisch nicht selbst fangen, sondern kaufen, sollten Sie wissen, worauf Sie achten müssen, um wirklich frischen Fisch zu bekommen. Am besten ist es, wenn Sie sich einen ganzen Fisch aussuchen. Bei Fischfilets, -steaks und -koteletts lässt sich die Frische nämlich nicht so einfach beurteilen.

Die Augen eines frischen Fischs sind glasklar und prall, die Haut glänzt metallisch und ist mit einer durchsichtigen Schleimschicht bedeckt. Ist die Schleimschicht trübe, lassen Sie besser die Finger von dem Exemplar. Das Fischfleisch muss sich fest anfühlen. Bleibt ein Abdruck Ihrer Finger zurück, ist der Fisch alt. Die Schuppen eines frischen Fischs liegen noch fest an der Haut an und die Kiemen sind rot oder rosig, aber auf keinen Fall braun. Außerdem hat frischer Fisch nicht den typischen Fischgeruch, sondern riecht nach Meer und Wasser. Wenn ein Fisch „fischelt", hat er seine besten Tage schon hinter sich.

Bietet der Fischhändler Ihrer Wahl auch fertige Fischfilets, -steaks oder -koteletts an, müssen Sie sehr wählerisch sein. Achten Sie dabei auf festes, saftiges, leicht durchsichtiges Fleisch, das gut geschnitten ist. Hier ist es vor allem wichtig, dass Sie nur bei einem Händler Ihres Vertrauens kaufen, um sicher sein zu können, dass Sie wirklich frische Ware mit nachhause nehmen. Auch bei Fischzuchten und Berufsfischern bekommt man meist gute Qualität.

Wie viel Fisch brauche ich pro Person?

Für ein Hauptgericht brauchen Sie pro Person ca. 175 g Filet, Steak oder Kotelett. Für eine Vorspeise reichen 100 g pro Person. Wenn Sie einen ganzen Fisch kaufen, wird es viel Abfall geben. Deshalb sollten Sie für ein Hauptgericht bei einem ganzen Fisch mit ca. 400 g pro Person rechnen, für eine Vorspeise mit ca. 250 g.

Rangfolge der beliebtesten Fische:

Alaska-Seelachs	18,3 %
Hering	18,2 %
Lachs	12,7 %
Thunfisch/Boniten	11,4 %
Seelachs/Köhler	4,7 %
Rotbarsch	4,5 %
Seehecht	4,4 %
Forelle	3,8 %
Kabeljau	3,6 %
Makrele	1,6 %
Karpfen	1,3 %
Scholle	0,9 %
Sardine	0,9 %
Seeteufel	0,6 %
Sonstige	13,1 %

(Quelle: FIZ)

Wie bewahre ich Fisch am besten auf?

Sie sollten Fisch noch am selben Tag verzehren, an dem er gefangen bzw. gekauft wurde. Die meisten Fischsorten können auch einen oder zwei Tage im Kühlschrank gelagert werden. Das hängt jedoch von vielen Faktoren ab, z. B. wie fangfrisch der Fisch ist, um welche Fischart es sich handelt usw. Deshalb ist es sehr wichtig, dass Sie, wenn Sie nicht selbst angeln, zu einem Fischhändler gehen, dem Sie vertrauen. Wenn Sie sich sicher sind, dass der Fisch absolut frisch ist, entfernen Sie die Verpackung, spülen ihn mit eiskaltem Wasser ab und tupfen ihn mit Küchenkrepp trocken. Legen Sie ihn auf einen Teller, bedecken Sie ihn mit Frischhaltefolie und stellen Sie ihn in den kältesten Bereich Ihres Kühlschranks, bis Sie den Fisch brauchen.

Rohen Fisch einzufrieren, ist nicht zu empfehlen, weil Ihr Gefriergerät nicht die niedrigen Temperaturen erzeugt, um den Fisch schockzufrosten wie in der Fischindustrie. Wenn Sie ihn dennoch einfrieren müssen, lagern Sie ihn bei einer Temperatur unter –18° C. Weißfisch hält sich so ca. drei Monate lang, Fettfisch nur ca. zwei Monate.

Was muss ich bei Tiefkühlfisch beachten?

Grundsätzlich schmeckt frischer Fisch natürlich viel besser als Tiefkühlfisch. Da es aber als Nicht-Angler nicht immer so leicht ist, an frischen Fisch heranzukommen, muss man eben immer mal wieder mit tiefgekühltem Fisch vorliebnehmen.

Den schockgefrosteten Fisch transportieren Sie auf dem Nachhauseweg am besten in einer Tiefkühltasche, damit die Kühlkette nicht unterbrochen wird. Danach kommt er sofort wieder in den Gefrierschrank. Ist der Fisch dennoch angetaut, müssen Sie ihn nach gründlichem Säubern noch am gleichen Tag verarbeiten.

Wie taut man Tiefkühlfisch auf?

Tiefgekühlten Fisch taut man am besten über Nacht im Kühlschrank auf. Lassen Sie den Fisch aber nicht im eigenen Tauwasser auftauen, denn so wird ein Teil seines Geschmacks ausgeschwemmt. Am besten legen Sie ihn auf reichlich Küchenkrepp auf einen Teller und stellen ihn in den Kühlschrank. Wenn Sie es eilig haben, können Sie ihn auch in der Mikrowelle auftauen. Lassen Sie ihn aber nicht zu lange drin, denn wenn Fisch zu schnell auftaut, wird er trocken. Nehmen Sie ihn aus der Mikrowelle, sobald er nur noch leicht gefroren ist.

Wie viele Meeresfrüchte brauche ich pro Person?

Bei **Garnelen** brauchen Sie mit Panzer etwa 300 g pro Person. Die Panzer heben Sie am besten auf. Aus ihnen lassen sich leckere Soßen, Suppen und Fonds zubereiten.

Bei **Krebsen** sollten Sie mit 500 g pro Krebs und Person rechnen.

Da die Schalen den größten Anteil des Gewichts von **Muscheln** ausmachen, müssen Sie bei den Weichtieren mit mindestens 450 g pro Person rechnen.

Je nachdem, wie üppig die Soße ist, brauchen Sie mehr oder weniger **Tintenfisch**. Für sechs Personen reicht normalerweise 1 kg Tintenfisch aus.

Anteil der Fischarten beim Fischverzehr:

69,8 % Seefisch
21,0 % Süßwasserfisch
9,2 % Meeresfrüchte

(Quelle: FIZ)

Worauf muss ich beim Einkauf von Meeresfrüchten achten?

Versuchen Sie immer, **Garnelen** im Ganzen zu bekommen, denn die Schale bewahrt den Geschmack. Rohe Garnelen müssen frisch duften und feste, knackige Schalen haben. Sie können aber natürlich auch auf Tiefkühlware zurückgreifen. Achtung: Garnelen dürfen nicht angetaut sein! Ist das Fleisch einmal angetaut, verdirbt es sehr schnell! Gekochte **Krebse** sollten Sie nur bei einem Händler kaufen, der die Tiere jeden Tag frisch gart. Die Schale darf keine Sprünge oder Löcher und das Tier sollte noch beide Scheren haben, sonst können Sie den Preis herunterhandeln. Ein Zeichen guter Muskelqualität ist, wenn sich Krebse schwer anfühlen. Außer Jakobsmuscheln müssen Sie alle **Muscheln** lebend kaufen. Sind die Muschelschalen schon offen, klopfen Sie mit den Muscheln kräftig auf eine harte Oberfläche. Wenn sich die Schalen der Muscheln danach nicht schließen, sind die Tiere schon tot. Außerdem sollten Muscheln keine beschädigte Schale haben. Frischer **Tintenfisch** sollte frisch und salzig duften.

Wie bereite ich einen Fisch vor?

Wie schuppe ich einen Fisch?

Wenn Sie Ihren Fisch mit der Haut garen möchten, müssen Sie ihn schuppen, bevor Sie ihn in Stücke schneiden. Nur bei glatthäutigen Fischen wie z. B. der Forelle und der Makrele kommt man um das lästige Schuppen herum. Sie können Fischschuppen mit dem Rücken eines Messers oder mit einem Schupper entfernen.

Wenn möglich, sollten Sie den Fisch bereits gleich nach dem Töten schuppen. Müssen Sie ihn zuhause schuppen, machen Sie dies am besten im Spülbecken, sonst spritzen die Schuppen durch die ganze Küche. Wenn Sie den Fisch beim Fischhändler gekauft haben, ist er meist schon „küchenfertig", d. h. geschuppt und ausgenommen.

1. Waschen Sie den Fisch unter kaltem Wasser gründlich ab und entfernen Sie mit der Küchenschere die Bauch- und Rückenflossen.
Achtung: Manche Fischarten, z. B. der Barsch oder der Hecht, haben stachelige Rückenflossen, an denen man sich verletzen kann!

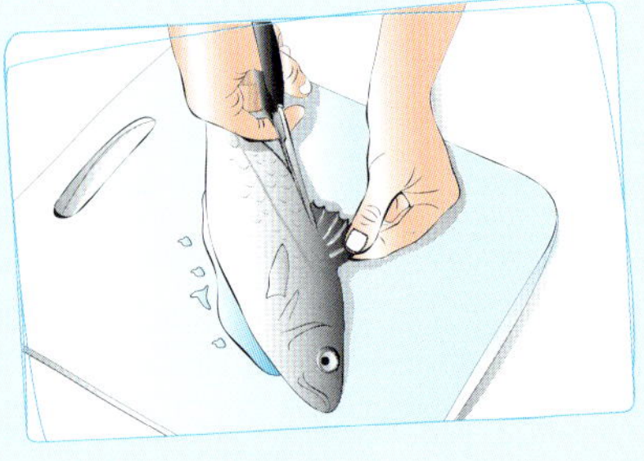

2. Halten Sie den Fisch am Schwanz fest. Nehmen Sie dazu gegebenenfalls ein Küchentuch zu Hilfe. Schuppen Sie den Fisch vom Schwanz zum Kopf hin, bis alle Schuppen entfernt sind. Anschließend waschen Sie ihn ein weiteres Mal, um alle Schuppenreste zu entfernen.

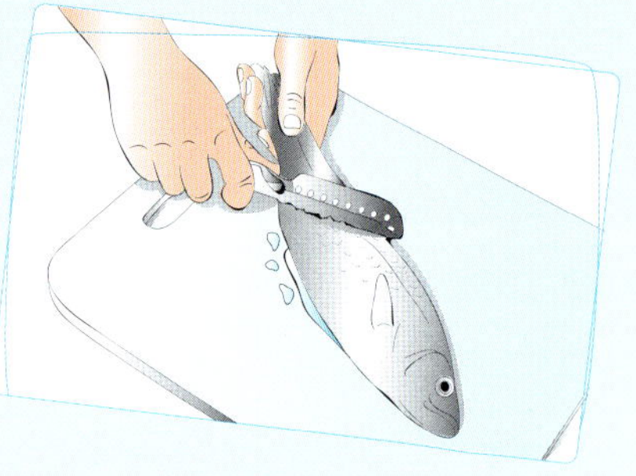

Was muss ich beim Ausnehmen von Fisch beachten?

Bevor Sie mit dem Ausnehmen anfangen, legen Sie besser mehrere Lagen Zeitungspapier und darauf eine Lage Alufolie aus, denn das Ausnehmen von Fisch ist keine sehr saubere Angelegenheit.

Die Kiemen sollten Sie auf jeden Fall entfernen, bevor Sie den Fisch kochen, denn diese schmecken bitter. Dazu halten Sie den Fisch am Rücken fest, öffnen die Kiemendeckel und schneiden die Kiemen am Ansatz mit einem scharfen Küchenmesser ab.

Wie nehme ich einen Rundfisch aus?

Ein Rundfisch kann entweder am Bauch oder durch die Kiemen ausgenommen werden. Wenn man das Aussehen des Fisches erhalten möchte, sollte man ihn durch die Kiemen ausnehmen, weil bei dieser Methode der Bauch unbeschädigt bleibt.

Ausnehmen am Bauch

1. Schneiden Sie den Bauch des Fisches mit einem Küchenmesser von der Afteröffnung bis zum Kopf auf. Achtung: Nicht zu tief schneiden, sonst verletzen Sie die Eingeweide!

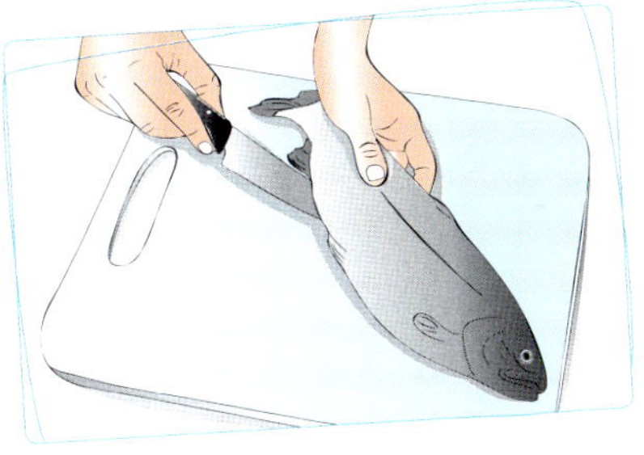

2. Durchtrennen Sie die Eingeweide am Hals und am Schwanz und nehmen Sie diese vorsichtig heraus. Fahren Sie mit einem Esslöffel durch die ausgenommene Bauchhöhle, um die Blutgefäße entlang der Mittelgräte zu zerstören. Waschen Sie den Fisch von innen und außen gründlich unter kaltem, fließendem Wasser und tupfen Sie ihn trocken.

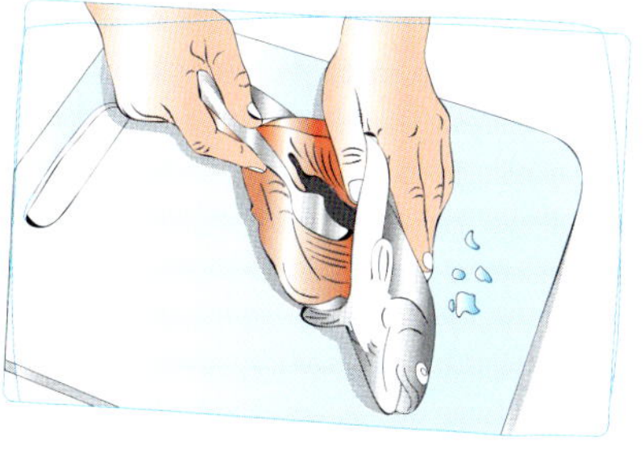

Ausnehmen an den Kiemen

1. Schneiden Sie den Fisch rund um die Afteröffnung ein, suchen Sie das Ende des Fischdarms und durchtrennen Sie es.

2. Durchtrennen Sie den Knochen unterhalb des Unterkiefers, klappen Sie die Kiemendeckel auf, ertasten Sie durch die Kiemenöffnung das Darmende und ziehen Sie es heraus. Waschen Sie den Fisch von innen und außen gründlich unter kaltem, fließendem Wasser und tupfen Sie ihn trocken.

Wie nehme ich einen Plattfisch aus?

Schneiden Sie den Fisch direkt unterhalb der Kiemen ein und holen Sie die Eingeweide und den Rogen mit dem Finger heraus.

Der Rogen des männlichen Fisches schmeckt sehr gut. Sie können ihn z. B. in der Pfanne anbraten und nach Müllerinnenart in etwas Butter als Garnierung zum Fisch servieren. Oder Sie wenden ihn in Ei und Semmelbröseln und frittieren ihn.

Wie filetiere ich einen Fisch?

Rundfisch filetieren

Aus einem Rundfisch gewinnt man zwei Filets. Das eine wird aus der Unter-, das andere aus der Oberseite geschnitten.

1. Setzen Sie das Messer direkt hinter der Kiemenöffnung an und schneiden Sie diagonal zum Kopf hin.

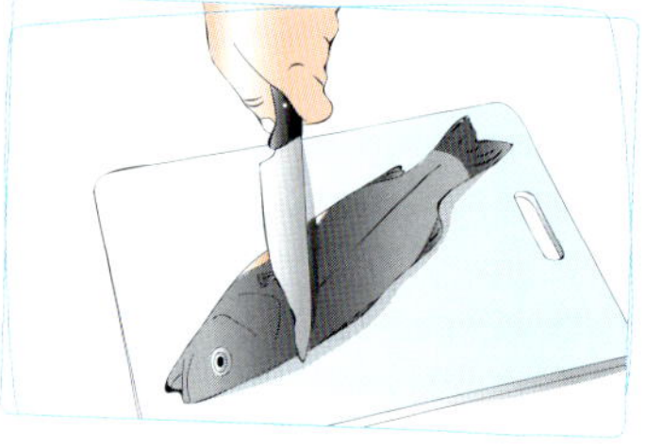

2. Schneiden Sie den Fisch bis zur Hälfte an der Mittelgräte auf. Halten Sie das Messer dabei so flach wie möglich. Heben Sie das obere Fischfilet an und führen Sie das Messer waagrecht bis zum Schwanzende an der Mittelgräte weiter, bis das Filet komplett abgetrennt ist. Wenden Sie den Fisch und schneiden Sie das zweite Filet genauso heraus.

3. Tasten Sie das Filet ab und entfernen Sie eventuell stecken gebliebene Gräten mit der Pinzette. Rundfische haben auch hinter den Kiemendeckeln Gräten. Entfernen Sie diese, indem Sie ein v-förmiges Stück Fisch um die Gräten herum aus dem Filet schneiden.

Plattfisch filetieren

Aus Plattfischen schneidet man normalerweise vier Filets heraus, die aber unterschiedliche Größen haben.

1. Legen Sie den Fisch so hin, dass der Kopf von Ihnen wegzeigt und die helle Bauchseite unten liegt. Schneiden Sie mit einem langen, scharfen Küchenmesser um den Kopf herum und führen Sie das Messer an der Mittellinie entlang bis zur Mittelgräte.

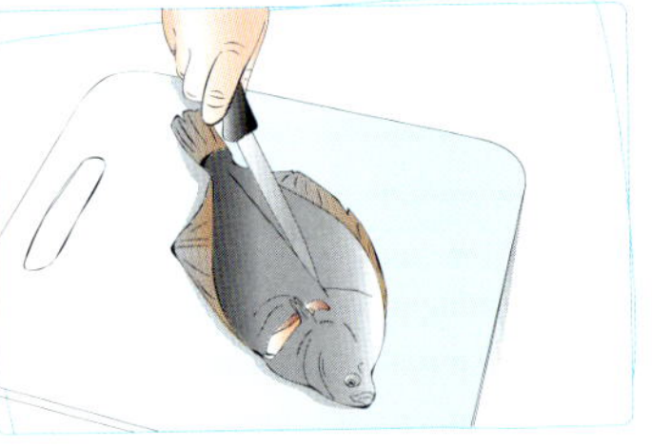

2. Setzen Sie das Messer so flach wie möglich am Kopf an, schneiden Sie an der Mittelgräte entlang und heben Sie das erste Filet ab.

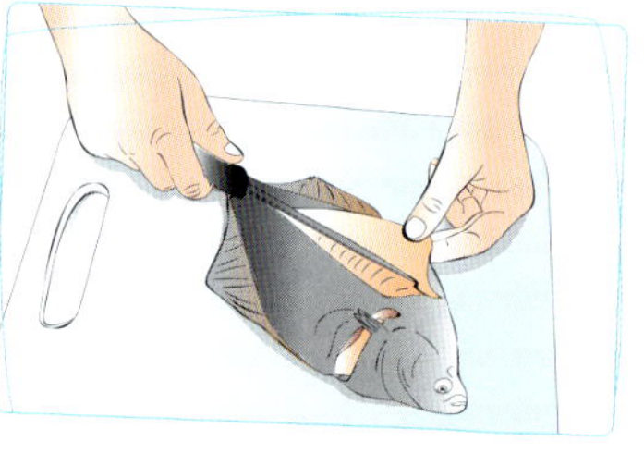

3. Jetzt drehen Sie den Fisch so, dass sein Kopf in Ihre Richtung zeigt, und wiederholen das Ganze mit dem zweiten Filet. Für das dritte und vierte Filet drehen Sie den Fisch auf die andere Seite und lösen die Filets auf die gleiche Weise.

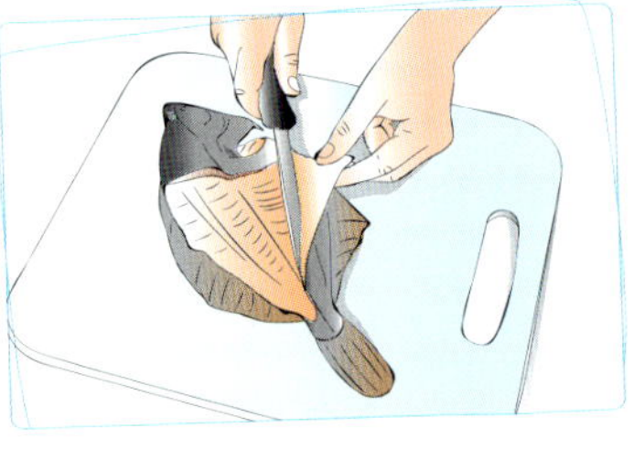

Wie bereite ich Meeresfrüchte vor?

Zu den Meeresfrüchten zählen alle im Wasser lebenden, wirbellosen Weichtiere, die nicht zu den Fischen gehören, d. h. Krustentiere wie Hummer und Krabben und bestimmte Weichtiere wie Austern, Muscheln und Kopffüßler. Natürlich gehören auch die Garnelen, Krebse, Tintenfische, Mies- und Venusmuscheln dazu, zu denen Sie in diesem Kochbuch leckere Rezepte finden.

Wie bereite ich einen Taschenkrebs vor?

1. Halten Sie den Krebs auf dem Rücken liegend mit einer Hand fest. Mit der anderen drehen Sie Beine und Scheren heraus. Achten Sie dabei darauf, dass auch die Gelenke entfernt werden.

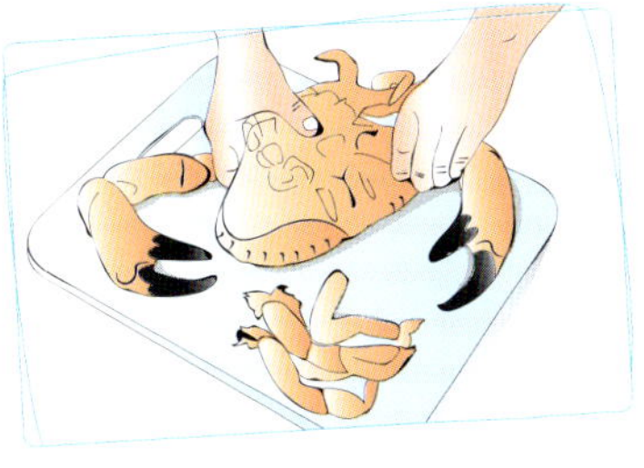

2. Um den Körper aus der Schale zu lösen, halten Sie den Krebs wie auf dem Foto gezeigt fest und holen den Körper mit dem Daumen heraus.

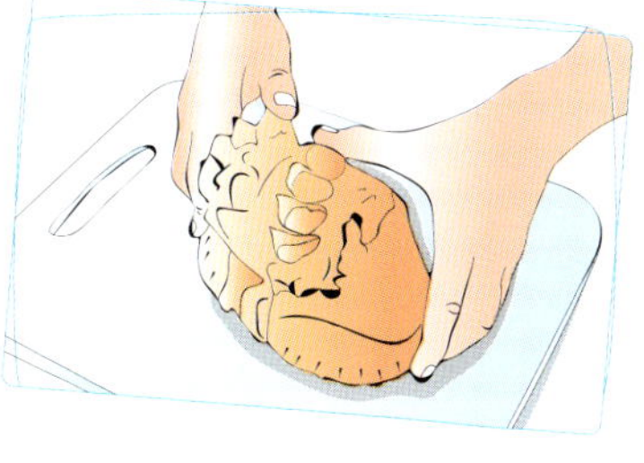

3. Auf beiden Seiten des Krebskörpers sitzen graue Kiemen, die Sie entfernen müssen. Dann entfernen Sie den Magensack direkt hinter dem Mund, indem Sie auf die Oberschale des Krebses drücken. Schneiden Sie den wabenförmigen Körper in vier Teile.

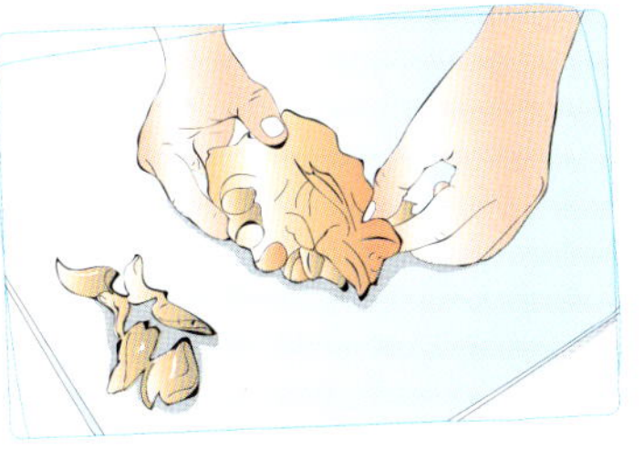

4. Das Fleisch aus den kleinen Kanälen lösen Sie mit einem Spieß heraus. Das braune Fleisch aus der Rückenschale und das feste Fleisch unter den Klappen holen Sie mit einem Teelöffel heraus.

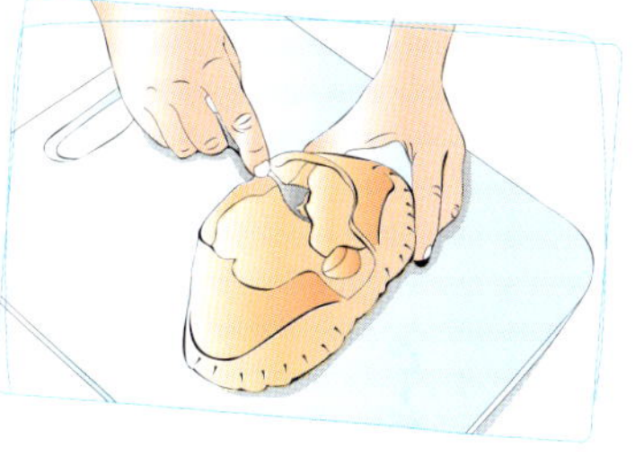

5. Mit einem Holzhammer oder einem schweren Messer knacken Sie die Scheren und Beine und entnehmen das Fleisch mit einem Spieß oder einer Hummergabel. Kleinere Beine brechen Sie besser nicht auf, die lassen sich nämlich am besten für einen leckeren Krebsfond verwenden.

Wie schäle und putze ich Garnelen?

Garnelen und Shrimps muss man vor dem Kochen meist schälen und den Darm entfernen, da er Krankheitserreger enthalten kann. Steht auf der Verpackung das englische Wort „deveined", bedeutet das, dass der Darm schon entfernt worden ist.

1. Zuerst brechen Sie von jeder Garnele Kopf und Beine ab. Den Schwanzfächer können Sie dranlassen.

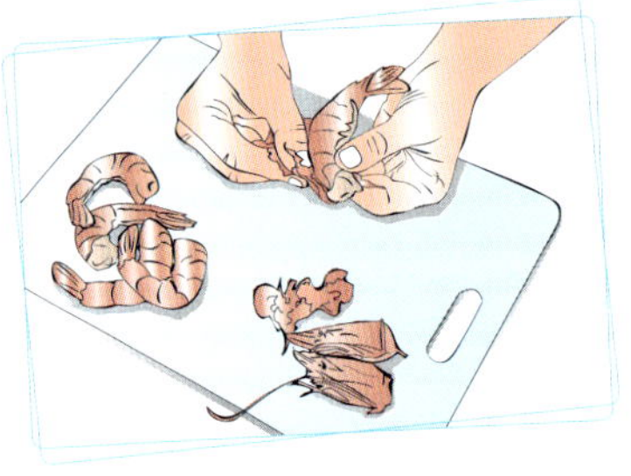

2. Mit einem kleinen scharfen Messer schneiden Sie vom Schwanz zum Kopf der Garnelen den gebogenen Rücken flach ein.

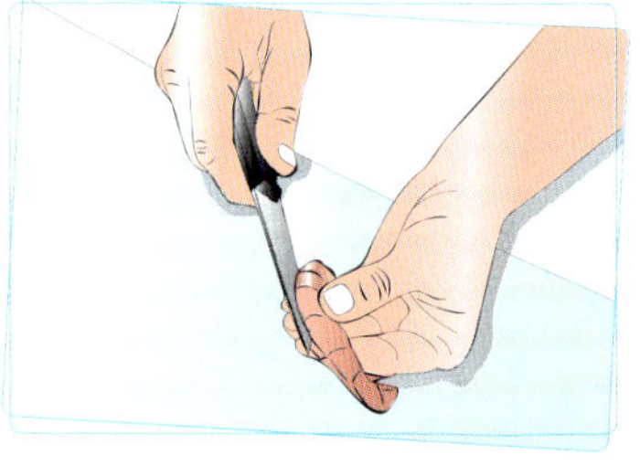

3. Jetzt sehen Sie, dass der Körper der Garnelen von einem schwarzen Faden, dem Darm, durchzogen wird. Holen Sie diesen vorsichtig mit dem Messer heraus und werfen Sie ihn weg.

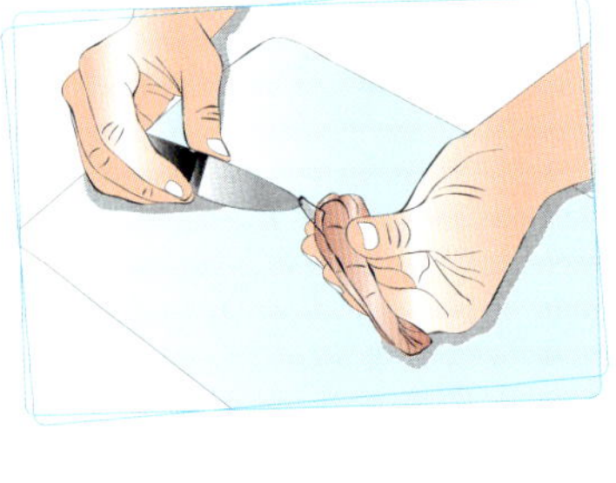

Wie säubere ich Miesmuscheln?

Als Vorbereitung schrubben Sie die Muscheln unter kaltem fließendem Wasser gründlich ab. Wenn Sie das Muschelwasser für einen Fond verwenden möchten, fangen Sie es beim Öffnen der Muscheln auf und seihen es ab. So entfernen Sie den darin enthaltenen Sand. Geöffnete Muscheln, die sich bei Berührung nicht schließen, werfen Sie weg, denn sie sind bereits verendet.

1. Schrubben Sie die Muscheln nochmals in kaltem Wasser ab, um die letzten Verunreinigungen zu entfernen. Lösen Sie die schwarzen Haltefäden mit einem Messer.

2. Schlagen Sie mit jeder offenen Muschel kräftig auf eine harte Oberfläche.

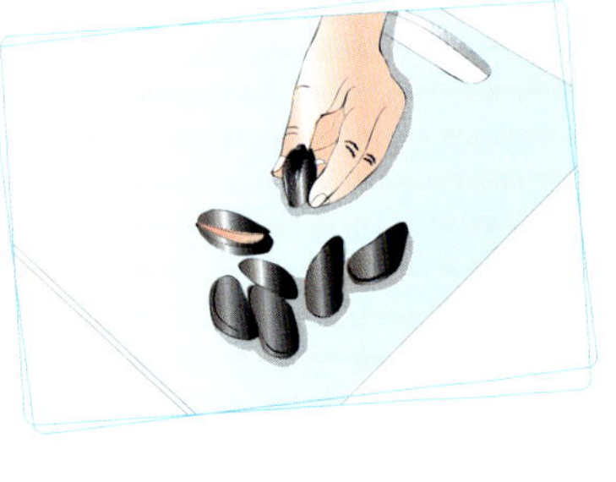

3. Zwischen den Schalenhälften sitzt der faserige Muschelbart, den Sie nun herausziehen können.

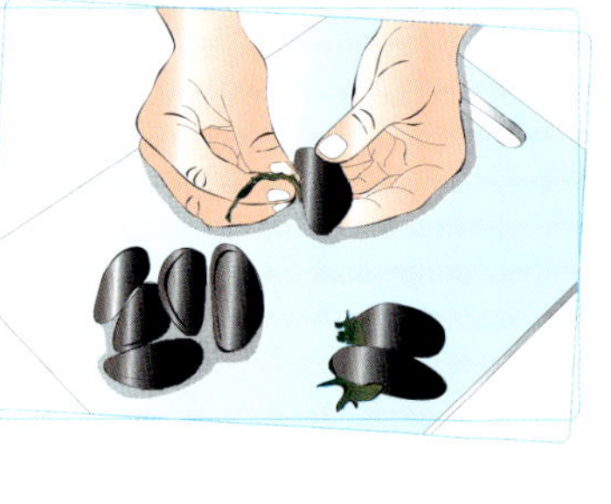

Wie bereite ich Jakobsmuscheln vor?

1. Heizen Sie den Backofen auf 160° C, Gas Stufe 1–2, Umluft 140° C vor. Legen Sie die Jakobsmuscheln mit der runden Seite auf ein Backblech und geben Sie dieses für ein paar Minuten in den Ofen. Sobald die Muscheln aufklappen, können Sie diese wieder herausnehmen.

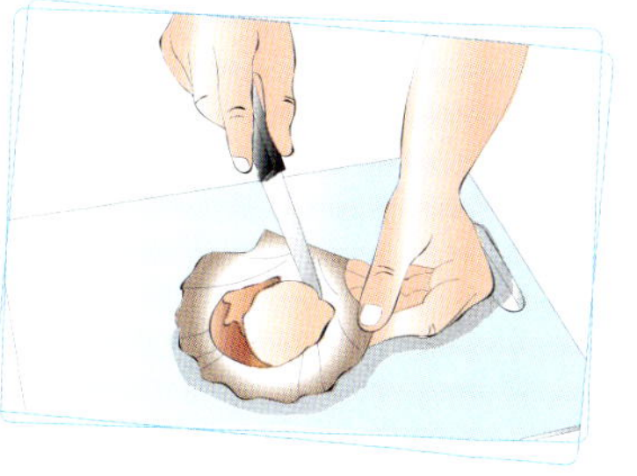

2. Nehmen Sie ein sauberes Küchentuch in die Hand und legen Sie eine Muschel mit der flachen Seite nach oben darauf. Fahren Sie mit einem langen Messer am Innenrand der oberen Schale entlang und durchtrennen Sie den Schließmuskel.

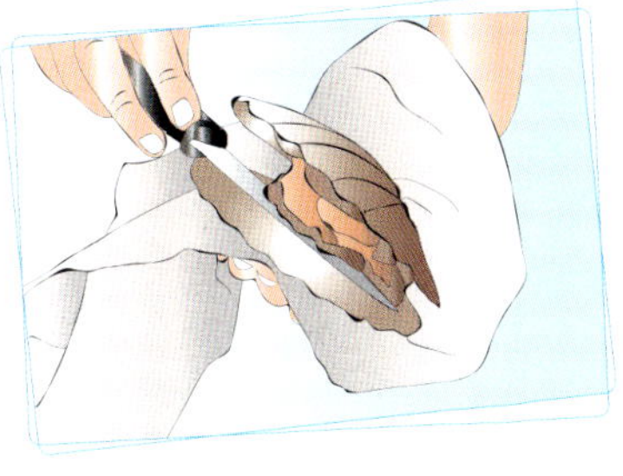

3. Jetzt können Sie die obere Schale der Muschel abnehmen und die graue Haut, die das Muschelfleisch (Nüsschen) und den Rogen (Corail) umgibt, sowie den schwarzen Darm entfernen.

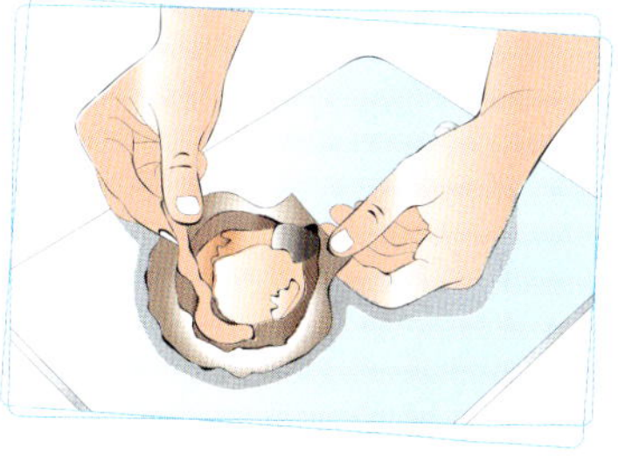

4. Schieben Sie die Messerklinge dicht an der Schale unter das Muschelfleisch und lösen Sie dieses sowie den orangefarbenen Rogen. Waschen Sie das Fleisch und den Rogen unter fließendem kaltem Wasser ab und entfernen Sie die weißen Bänder vom Muschelfleisch. Die Bänder können Sie wegwerfen.

Wie bereite ich einen Tintenfisch vor?

1. Zuerst schneiden Sie die Fangarme und dann den Kopf am Körperansatz ab. Um an die Eingeweide heranzukommen, müssen Sie nun den Körper von innen nach außen wenden. Entfernen Sie die Eingeweide.

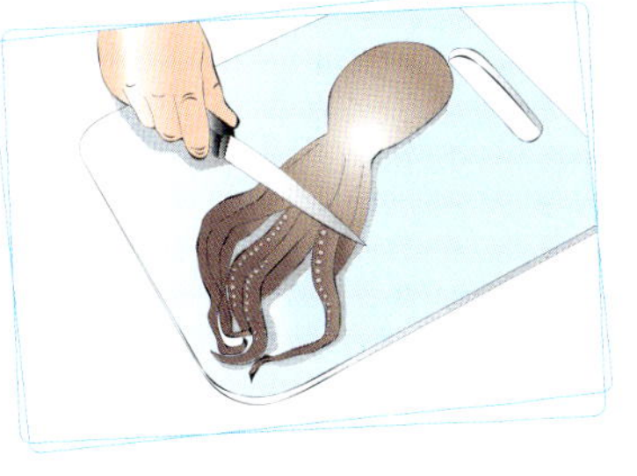

2. Mit einem Holzhammer klopfen Sie den Körper und die Fangarme weich. Anschließend legen Sie Körper und Fangarme in kochendes Wasser und lassen sie mindestens eine Stunde bei schwacher Hitze köcheln.

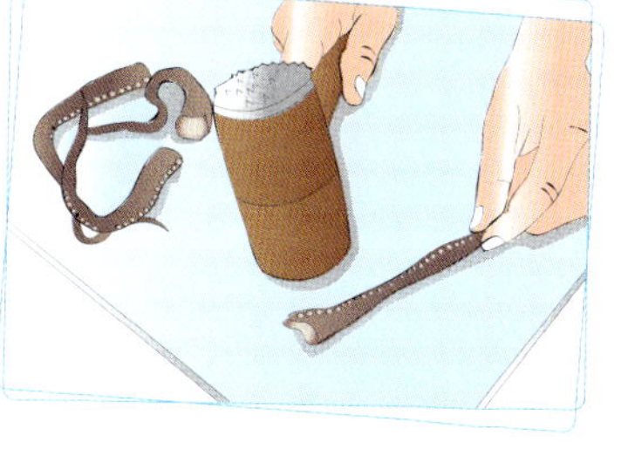

Wie bereite ich einen Fisch zu?

Weil Fisch so vielseitig ist, gibt es viele verschiedene Zubereitungsarten. Gemeinsam haben sie alle, dass man vorsichtig mit dem zarten Fischfleisch umgehen muss, d. h., die Zubereitungszeit muss möglichst kurz sein. Garen Sie es lieber zu kurz als zu lang!

Sie sollten Fisch auch möglichst nicht kochen, denn er verkocht im Handumdrehen. Nehmen Sie den Fisch mindestens 30 Minuten vor der Zubereitung aus dem Kühlschrank, damit er gleichmäßig gart.

Generell lassen sich keine genauen Aussagen über die Garzeiten von Fisch machen, da dies von zu vielen Faktoren abhängt: von der Größe und Dicke des Fischs, von der Fischart ... und, und, und. Wenn Sie ein Bratenthermometer haben, können Sie es auch beim Garen von Fisch verwenden: Ist die Innentemperatur auf 63° C, ist der Fisch gar.

Oder Sie prüfen, ob der Fisch durch ist, indem Sie ein kleines Messer in die dicke Mitte stechen und das Fleisch ein wenig auseinanderziehen. Der Fisch ist fertig, wenn das Fleisch nicht mehr durchscheinend ist. Bei Filets muss eine in das Fleisch gestochene Gabel gegen einen leichten Widerstand ganz in das Fleisch eindringen können, damit ist der Fisch gar.

Wie gare ich Fisch am schonendsten?

Hier gibt es drei Garmethoden, die mit wenig oder gar keinem Fett auskommen und den Fisch so schonend behandeln, dass er saftig und aromatisch bleibt: das Dämpfen, das Dünsten und das Pochieren.

Das Dämpfen

Beim Dämpfen gart der Fisch im Dampf einer Flüssigkeit, zu welcher der Fisch keinen Kontakt hat. Dadurch verliert er keine seiner wertvollen Nährstoffe. Deshalb ist Dämpfen auch die schonendste Garmethode für Fisch.

1. Füllen Sie den Dämpftopf mit Wasser oder Fischfond und bringen Sie es/ihn zum Kochen. Legen Sie den Fisch in den Dämpfeinsatz. Achten Sie darauf, den Einsatz nicht zu überfüllen, damit der Dampf frei zirkulieren kann. Geben Sie den Einsatz in den Topf. Die Garflüssigkeit darf den Fisch nicht erreichen!

2. Decken Sie den Fisch mit Alufolie ab und verschließen Sie den Topf fest mit dem Deckel. Schauen Sie immer wieder nach, ob noch genügend Wasser vorhanden ist, und gießen Sie gegebenenfalls kochendes Wasser nach.

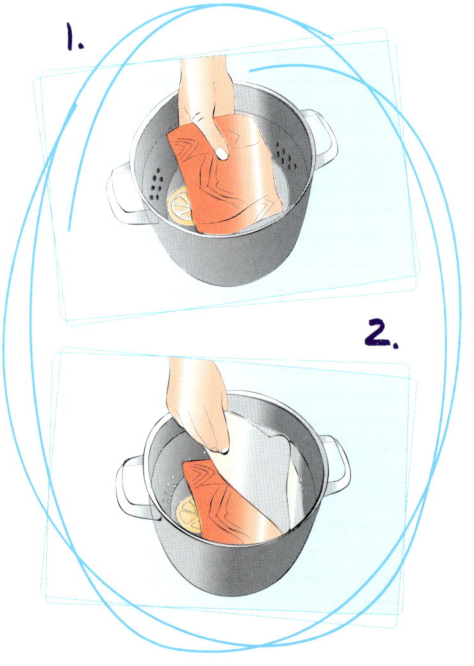

Die Garflüssigkeit kann Aroma aufnehmen, deshalb kann man sie gut als Grundlage für eine Soße zum Fisch verwenden. Um dem Fisch ein besonderes Aroma zu verleihen, können Sie den Dämpfeinsatz zusätzlich mit Gemüseblättern, z. B. mit Spinat oder Mangold, auslegen, bevor Sie den Fisch hineingeben.

Das Dünsten

Der Unterschied zum Dämpfen liegt darin, dass der Fisch beim Dünsten mit der Garflüssigkeit in Berührung kommt. Auch hier bleiben Aroma und Nährstoffe des Fisches zum Großteil erhalten. Das Dämpfen eignet sich vor allem für ganze Fische und große Filets. Für eine besonders feine Note garen Sie den Fisch auf einem Gemüsebett, z. B. auf Karotten-, Lauch- und Zwiebelstücken oder auf Tomaten- und Pilzscheiben.

1. Erhitzen Sie etwas Öl oder Butter in einer weiten, hohen Pfanne mit Deckel oder einem weiten Topf. Geben Sie das fein geschnittene oder geraspelte Gemüse hinein und dünsten Sie es kurz an.

2. Geben Sie nun die Flüssigkeit hinzu, z. B. Fischfond, Weiß- oder Rotwein, und legen Sie den Fisch auf das Gemüsebett. Der Fisch sollte zur Hälfte mit der Garflüssigkeit bedeckt sein. Lassen Sie den Fisch bei geschlossenem Deckel durchgaren.

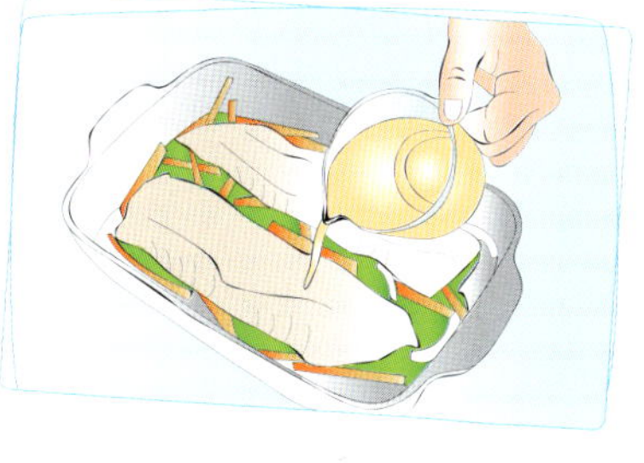

Anstatt auf dem Herd, können Sie den Fisch auch in einer feuerfesten Form im Backofen bei 180° C, Gas Stufe 2–3, Umluft 160° C dünsten.

Das Pochieren

Beim Pochieren bedeckt man den Fisch komplett mit der Garflüssigkeit. Dazu können Sie entweder Fischfond, eine delikat gewürzte Milch, eine gewürzte Mischung aus Wein und Wasser oder nur Olivenöl verwenden. Kräuter und Gewürze können Sie ebenfalls hinzugeben.

1. Geben Sie die Garflüssigkeit und den Fisch in einen großen Topf. Für ganze Fische nehmen Sie am besten einen Fischtopf.

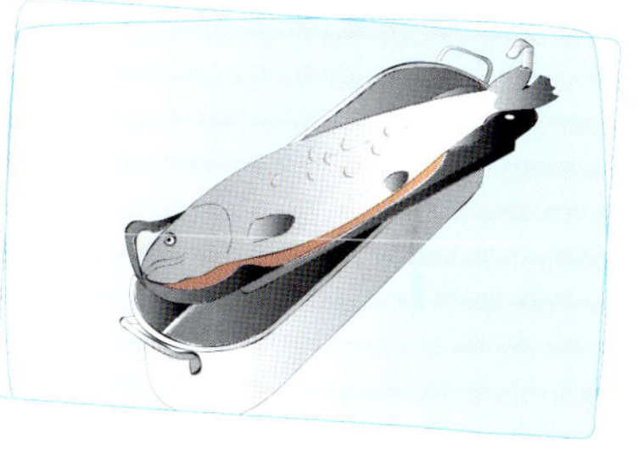

2. Erhitzen Sie die Flüssigkeit, bis die ersten Bläschen an die Oberfläche steigen. Kochen darf der Fisch nicht, sondern nur „sieden", d. h., die Temperatur muss immer unterhalb des Siedepunkts liegen. Lassen Sie den Fisch so lange sieden, bis er gar ist.

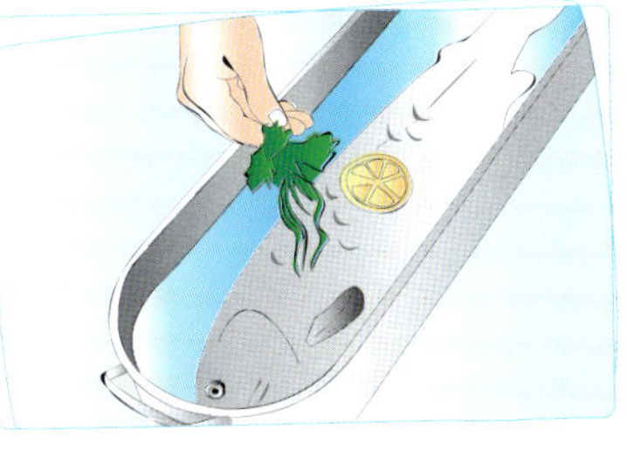

„Forelle blau" oder „Forelle au bleu" ist im Übrigen auch eine Form des Pochierens. Der Fisch wird dafür nur zusätzlich vor dem Pochieren mit kochendem Essig beträufelt. Voraussetzung dafür ist, dass die Schleimschicht des Fisches intakt ist. So bekommt die Fischhaut ihre charakteristische stahlblaue Farbe, daher „blau". Auch Karpfen, Schleie oder Hecht werden traditionell gerne so zubereitet.

Wie mache ich einen Fischfond?

Es gibt keine bessere Grundlage für ein leckeres Fischgericht als einen selbst gemachten Fischfond. Deshalb sollten Sie Fischreste nicht wegwerfen, sondern lieber sinnvoll für einen leckeren Fischfond verwenden. Am besten schmeckt Fischfond, der aus Abfällen von mageren Weißfischen wie z. B. Steinbutt, Seezunge oder Scholle zubereitet worden ist.

Der Begriff „fond" kommt aus dem Französischen und bedeutet „Grund", „Basis". So wird die konzentrierte Flüssigkeit genannt, die sich beim Kochen oder Braten von Fisch im Topf bzw. in der Pfanne absetzt.

Fischfond hat den Vorteil, dass man ihn nach der Einreduzierung problemlos länger im Kühlschrank aufbewahren oder einfrieren und daher immer wieder für Fischsoßen oder -suppen verwenden kann. Wenn Sie den erkalteten Fond beispielsweise in Eiswürfelbehälter füllen, gefrieren lassen und dann in luftdicht verschlossene Gefrierbeutel geben, können Sie ihn bis zu vier Wochen in der Tiefkühltruhe aufbewahren.

Zutaten für ca. 1 l Fischfond:

1 kg Fischreste (z. B. Gräten, Köpfe, Flossen usw., aber keine Eingeweide!)
1 Stange Lauch
1 Stange Staudensellerie
2 Karotten
1 Zwiebel
2 Lorbeerblätter
5 schwarze Pfefferkörner
1 Zweig Thymian

Zubereitung:

1. Waschen Sie die Fischreste und entfernen Sie Kiemen und Augen. Geben Sie die Fischreste in einen großen Topf und bedecken Sie diese mit Wasser.

2. Waschen und putzen Sie das Gemüse und schneiden Sie es in kleine Würfel. Schälen Sie die Zwiebel und hacken Sie sie grob. Geben Sie alles zusammen mit dem Thymian, den Lorbeerblättern und den Pfefferkörnern in den Topf.

3. Lassen Sie das Ganze aufkochen und anschließend ca. 20 Minuten vor sich hin köcheln. Anschließend gießen Sie den Fond durch ein mit einem Baumwolltuch ausgelegtes Sieb ab.

Welche anderen Garmethoden gibt es für Fisch?

Beim Frittieren, Grillen oder Braten kommt es vor allem darauf an, den Fisch der Hitze nicht zu lange auszusetzen, damit er nicht austrocknet.

Frittieren

Zum Frittieren wendet man den Fisch zunächst in Mehl oder einer anderen Panade. So bleibt der Fisch innen saftig und bekommt außen eine leckere Kruste. Frittieren kann man so ziemlich alle Fische, egal ob groß oder klein. Allerdings muss man bei großen Fischen eine niedrigere Temperatur einstellen, sonst sind sie schnell außen schwarz und innen noch roh. Erhitzen Sie das Öl in Ihrer Fritteuse auf 180 bis 190° C.

Wenn Sie den Fisch im Topf, in der Pfanne oder im Wok frittieren möchten, können Sie mit dem folgenden Hitzetest überprüfen, ob das Fett heiß genug ist: Werfen Sie ein Brotstück in das Öl und beobachten Sie, wie lange es braucht, um zu bräunen. Dauert es nur ca. 30 Sekunden, hat das Öl die richtige Temperatur.

1. Wenden Sie den Fisch in Mehl oder einer anderen Panade und geben Sie ihn in das heiße Öl. Er ist fertig, wenn die Kruste goldbraun ist.

2. Nehmen Sie den Fisch mit einem Schaumlöffel heraus und lassen Sie das Öl auf einer dicken Lage Küchenkrepp abtropfen.

Grillen

Grillen können Sie Ihren Fisch auf dem Freiluftgrill, in einer Grillpfanne oder mit dem Backofengrill. Besonders geeignet zum Grillen sind fettreiche Fische wie Lachs, Makrelen und Sardinen.

Zumindest mageren Fisch sollten Sie vor dem Grillen marinieren, d. h. ca. eine Stunde lang z. B. in einer Mischung aus Öl und Zitronensaft ziehen lassen, und während des Grillens mit Öl bestreichen. So wird das Fischfleisch durch den Grillvorgang nicht so zäh und trocken.

Bei dünnen Fischfilets reicht es aus, wenn Sie diese nur auf einer Seite grillen. Ganze Fische schneiden Sie am besten auf beiden Seiten mehrmals ein, damit sie gleichmäßig und schnell garen.

Freiluftgrill: Den Grillrost immer vorher gut mit Öl bepinseln, damit das Fischfleisch nicht daran hängen bleibt.

Grillpfanne: Die Pfanne vorher kräftig einölen und sehr stark vorheizen.

Backofengrill: Den Gitterrost etwa in einem Abstand von 10 cm zu den Grillschlangen in den Ofen schieben. Schieben Sie ein Backblech darunter, um eine größere Verschmutzung des Ofens zu vermeiden.

Braten

Für das Braten eignen sich vor allem Filets, Steaks, Koteletts und kleinere ganze Fische. Sie können den Fisch auch vorher in Mehl wenden oder mit Semmelbröseln panieren. Verwenden Sie wenn möglich eine beschichtete Pfanne, damit nicht zu viel am Pfannenboden ansetzt. Mit einem hölzernen Pfannenwender können Sie den Fisch bequem umdrehen, ohne die Beschichtung zu zerkratzen.

Geschmacklich am besten wird der Fisch, wenn Sie Butter zum Braten verwenden. Geben Sie noch einen Schuss Öl dazu, damit die Butter nicht gleich braun wird. Lassen Sie das Fett in der Pfanne sehr heiß werden, bevor Sie den Fisch hineinlegen, damit sich schnell eine knusprige Kruste bildet, die den Fisch innen saftig hält.

Lassen Sie den Fisch auf keinen Fall zu lange braten. Lassen Sie ihn lieber anschließend noch für ein paar Minuten in der geschlossenen Pfanne gar ziehen.

Wenn Sie Filets mit Haut bevorzugen, braten Sie die Hautseite immer zuerst an, damit sie schön knusprig wird.

Wie bereite ich Meeresfrüchte zu?

Generell können Sie alle für Fische vorgestellten Zubereitungsarten auch für Meeresfrüchte anwenden. Ganz besonders geeignet sind das Dämpfen, Pochieren, Grillen und Braten.

Weichtiere wie die **Muscheln** müssen praktisch nicht gekocht werden. Wenn Sie sich sicher sein können, dass sie absolut frisch sind und aus sauberen Gewässern kommen, können sie sogar roh verzehrt werden.

Bei anderen Weichtieren wie den Kopffüßlern verhält es sich allerdings anders. Ihr Fleisch ist meist sehr zäh, sodass sie nicht nur vorher „weich geklopft", sondern auch längere Zeit gekocht werden müssen. Einen **Tintenfisch** müssen Sie beispielsweise mindestens eine Stunde lang bei schwacher Hitze köcheln lassen, damit er seine Zähigkeit verliert.

Krustentiere wie Hummer, Krebse, Garnelen und Krabben müssen auf jeden Fall vor dem Verzehr gegart werden. Die besonders großen Exemplare wie z. B. Hummer oder Taschenkrebse müssen sogar richtig gekocht werden.

Welche Küchenhelfer brauche ich?

Natürlich können Sie Fisch und Meeresfrüchte auch ohne besondere Küchenhelfer zubereiten. Trotzdem kann Ihnen das eine oder andere spezielle Gerät, z. B. ein Schuppmesser oder ein Fischtopf, eine große Hilfe bei der Zubereitung von Fisch und Meeresfrüchten sein.

Hygiene-Tipp: Alle Arbeitsgeräte, die Sie zur Verarbeitung von Fischen und Meeresfrüchten verwendet haben, sollten Sie immer zuerst mit kaltem Wasser abspülen, um das Fischeiweiß herunterzuwaschen. So kann kein Fischgeruch entstehen. Im Anschluss daran die Geräte dann wie gewohnt mit heißem Wasser nachspülen.

Messer und Scheren

Filetiermesser

Zum Filetieren und Enthäuten von Fisch ist ein dünnes, scharfes Messer mit einer biegsamen Klinge von mindestens 15 cm Länge sehr praktisch. Wichtig ist, dass das Filetiermesser scharf wie eine Rasierklinge ist.

Filetiermesser

Kochmesser

Um Fischsteaks zu schneiden, eignet sich ein großes, schweres Kochmesser mit einer Klingenlänge von 20–25 cm.

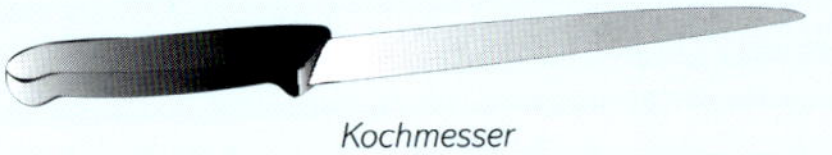

Kochmesser

Schuppmesser

Schuppmesser (auch Schupper genannt) erleichtern das Schuppen von Fisch ungemein.

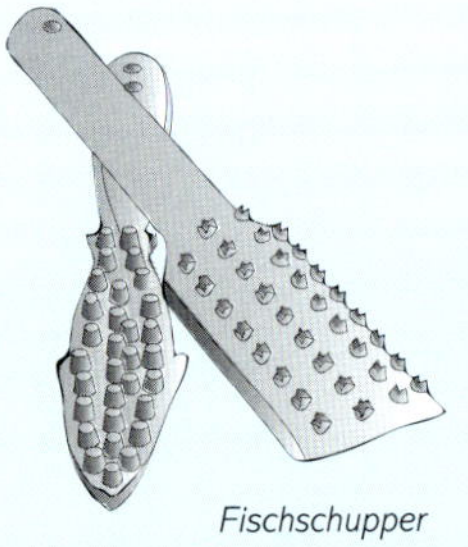

Fischschupper

Küchenschere

Fischflossen und -schwänze lassen sich am besten mit einer stabilen, scharfen Schere mit gezackter Schneide abtrennen.

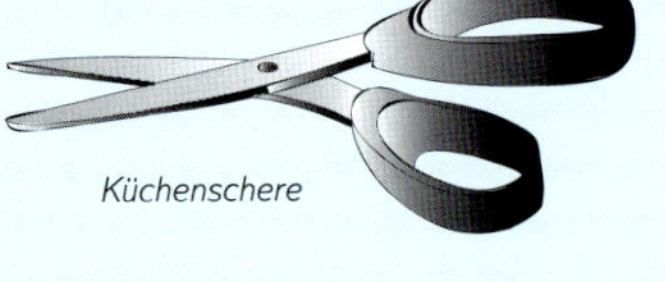

Küchenschere

Töpfe und Pfannen

Dämpfer

Wenn Sie oft mit Wasserdampf garen, sollten Sie sich einen Edelstahl-Dämpfer leisten. Er besteht aus einem Topf mit gut schließendem Deckel und einem gelochten Siebeinsatz. Als preisgünstigere Alternative können Sie sich auch einen kleinen, variablen Dämpfeinsatz zulegen, der sich an die unterschiedlichen Topfgrößen anpassen lässt. Außerdem gibt es noch die günstigen chinesischen Dämpfkörbe aus Bambus. Sie haben den Vorteil, dass man mehrere Nahrungsmittel gleichzeitig dämpfen kann, indem man die Körbe einfach aufeinanderstapelt.

Fischtopf

Ein Fischtopf benötigt zwar viel Platz in der Küche, ist aber ein unverzichtbares Hilfsmittel, wenn Sie ganze Fische wie z. B. Lachs oder Forelle garen möchten. Fischtöpfe sind tiefe, längliche Töpfe mit zwei stabilen Griffen und einem passenden Deckel. Im Topfinneren befindet sich ein Dämpfeinsatz, der ebenfalls zwei Griffe hat. So lässt sich der Fisch nach dem Dämpfen bequem herausnehmen, ohne dass er zerfällt. Es gibt Fischtöpfe aus Edelstahl, Aluminium, Emaille oder Kupfer mit Weißblech.

Chinesischer Bambus-Dämpfkorb

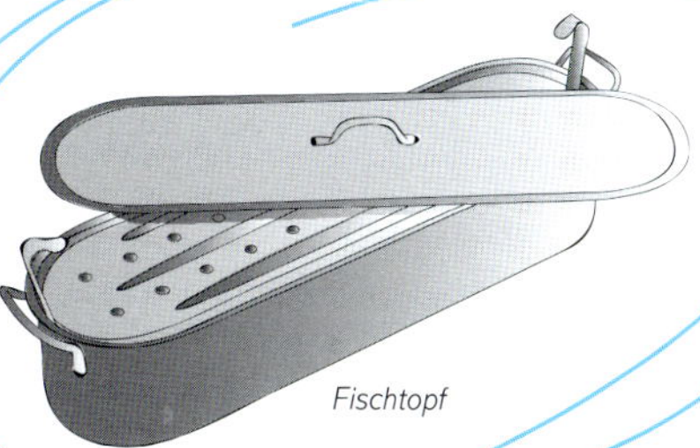

Fischtopf

Grillpfanne

Grillpfannen sind runde, ovale oder rechteckige Pfannen mit tiefen Rillen am Boden. Wenn Sie Ihren Fisch gerne gegrillt essen, ist eine Grillpfanne ein wertvoller Küchenhelfer.

Edelstahl-Dämpfer

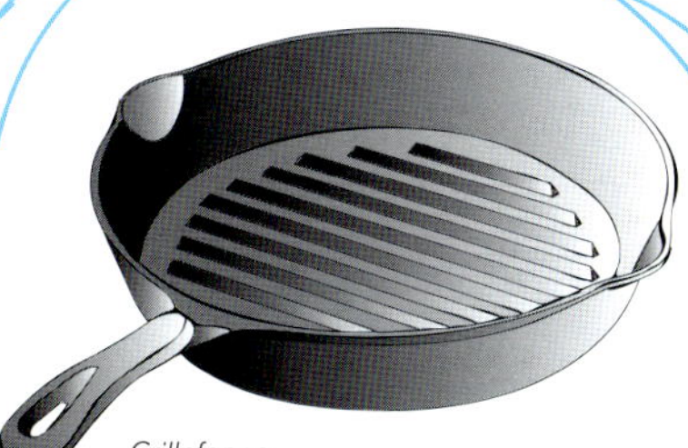

Grillpfanne

Ovale Bratpfanne

Ovale Bratpfannen sind sehr praktisch, wenn Sie ganze Fische mit Kopf und Schwanz braten möchten, für die Sie in einer runden Pfanne keinen Platz hätten. Am besten wählen Sie eine Pfanne mit Beschichtung.

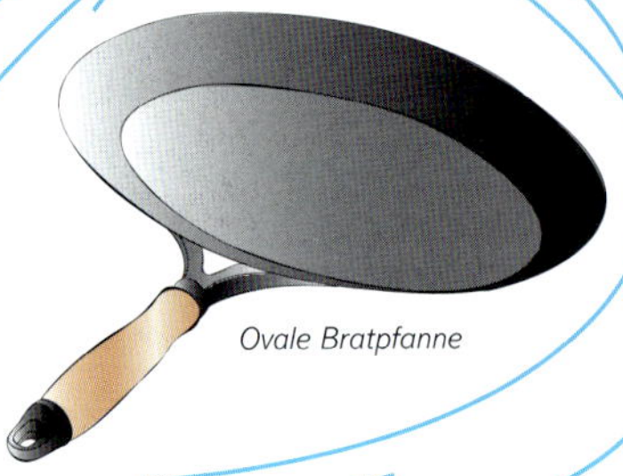

Wok

Sehr praktisch: In einem Wok mit einem Stiel können Sie nicht nur pfannenrühren, sondern auch frittieren oder dämpfen. Legen Sie sich am besten gleich einen Wok mit ca. 35 cm Durchmesser zu, denn dort passt fast jeder Fisch hinein.

Weitere nützliche Küchengeräte

Fischheber

Fischheber sind große, mit Löchern versehene Heber, die Ihnen dabei helfen, ganze Fische während des Garens zu wenden oder aus dem Topf bzw. der Pfanne zu heben, ohne dass der Fisch zerfällt.

Fischwender

Auch der Fischwender ist ein praktischer Helfer, um beim Wenden von Fisch zu vermeiden, dass er zerfällt. Er ist ein Doppelwender mit flexiblen Seiten.

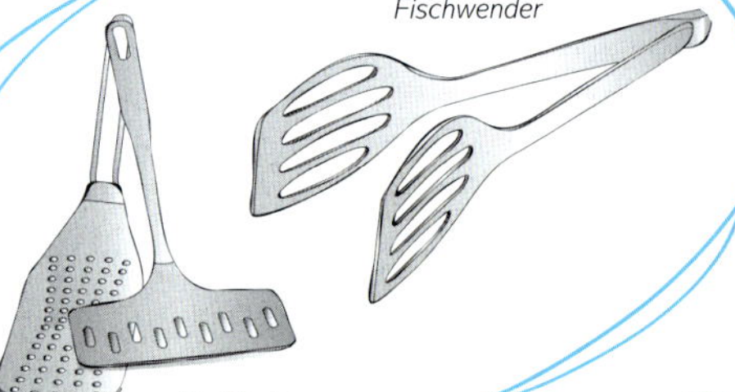

Grillrost

Grillroste gibt es in den verschiedensten Formen. Es gibt runde oder rechteckige Roste für sechs bis zwölf Sardinen und Roste in Fischform zum Grillen von einzelnen, ganzen Fischen. Am praktischsten ist aber ein doppelseitiger rechteckiger oder quadratischer Rost mit Scharnieren. Mit ihm können Sie mehrere Fische gleichzeitig grillen und ganz einfach wenden. Nachteil dieser Rostform ist, dass das zarte Fleisch empfindlicherer Fischsorten darin zerquetscht wird.

Kleiner Tipp: Damit Ihr Fisch nicht am Rost festklebt, den Rost immer vorher einölen.

Holzhammer
Eignet sich prima zum Vorbereiten von Fischsteaks, um die Schale von Krustentieren aufzubrechen und Tintenfisch weich zu klopfen.

Hummergabel
Um Krebsfleisch möglichst einfach aus der Schale zu bekommen, verwenden Sie am besten eine Hummergabel oder alternativ einen kleinen Metallspieß.

Kunststoffbrett
Zum Filetieren und Verarbeiten von Fisch eignen sich Kunststoffbretter mit einer umlaufenden Rinne. Sie sind einfach zu säubern und nehmen den Fischgeruch nicht an, wenn sie richtig gereinigt werden.

Pinzette
Sehr praktisch zum Entfernen von Fischgräten.

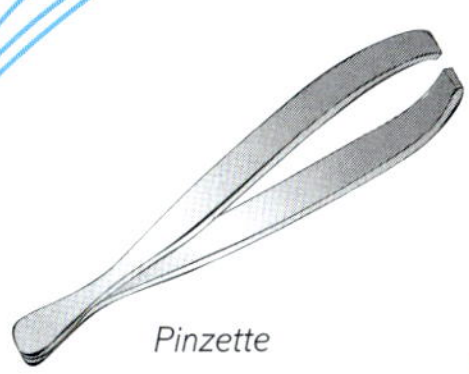

Pinzette

Räucherkasten
Einen Räucherkasten brauchen Sie, wenn Sie Ihren Fisch selbst räuchern möchten. Besonders einfach hat man es mit einem elektrischen Räucherkasten oder einem Räucherkasten für den Elektroherd, was jedoch nicht ganz billig ist. Für den kleinen Geldbeutel gibt es Räucherkästen in Form von einfachen Metallkästen mit fest schließendem Deckel. Auf die Kohlen gibt man Kräuter oder aromatische Holzstückchen, die dem Fisch ein herrliches Aroma verleihen.

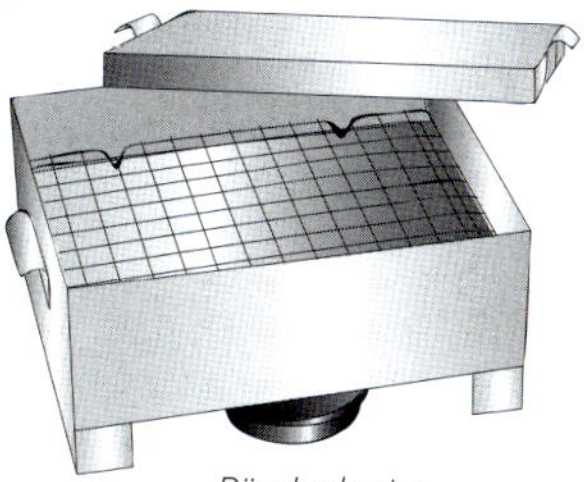

Räucherkasten

Was bedeuten die abgekürzten Maßeinheiten?

EL	=	Esslöffel
TL	=	Teelöffel
gestr.	=	gestrichen
geh.	=	gehäuft
l	=	Liter
ml	=	Milliliter
cl	=	Zentiliter
kg	=	Kilogramm
g	=	Gramm
mg	=	Milligramm
Msp.	=	Messerspitze
TK	=	Tiefkühlprodukt

Louisiana-Fischtopf mit grünem Reis

Zutaten:

für 4 Personen

2 Bund Frühlingszwiebeln
2 grüne Paprikaschoten
2 Stangen Staudensellerie
1 EL Öl
2 EL Mehl
2 Knoblauchzehen
4 Tomaten
500 ml Rotwein, z. B. Bordeaux
2 Lorbeerblätter
je 1 TL Thymian und Majoran
Worcestersoße
400 g küchenfertiger Seeaal oder Aal
400 g Fischfilet vom Katfisch oder Kabeljau
1 unbehandelte Zitrone
30 g Butter
250 g USA-Langkornreis Parboiled
500 ml Brühe
Salz
Pfeffer
1 Bund Petersilie

Zubereitung:

1. Die Frühlingszwiebeln, die Paprikaschoten und den Sellerie putzen, waschen und fein hacken.
2. Das Öl erhitzen und das Mehl darin unter Rühren bei schwacher Hitze zwei Minuten braun anschwitzen. Den Knoblauch schälen und fein hacken.
3. Paprika, Sellerie, Knoblauch und die Hälfte der Frühlingszwiebeln dazugeben und fünf Minuten andünsten. Die Tomaten waschen, entkernen und zerkleinern.
4. Wein, Lorbeerblätter, Kräuter und Worcestersoße hinzufügen. Das Ganze aufkochen und zugedeckt ca. 20 Minuten köcheln lassen.
5. Das Fischfilet würfeln. Die Zitrone waschen, abtrocknen und in Scheiben schneiden. Beide Fischsorten und die Zitronenscheiben zum Gemüse geben und alles zugedeckt ca. 15 Minuten garen.
6. Die Butter erhitzen und die übrigen Frühlingszwiebeln darin andünsten. Den Reis hinzufügen, mit der heißen Brühe ablöschen und mit Salz und Pfeffer würzen. Zugedeckt bei schwacher Hitze 15 bis 20 Minuten garen, bis der Reis die Flüssigkeit aufgenommen hat.
7. Den Reis mit der Gabel auflockern, die Petersilie waschen, trocken schütteln, hacken und unter den Reis mischen. Den grünen Reis mit dem Fischtopf anrichten und mit ein paar Zitronenscheiben garnieren.

Aal

Aale sind **Wanderfische** mit einem schlangenartigen Körper. Sie haben eine dicke, fast lederartige Haut mit winzigen Schuppen, die man mit bloßem Auge kaum erkennen kann. Europäische Flussaale werden in der **Sargassosee**, östlich von **Florida**, geboren und wandern anschließend drei Jahre lang 4000 bis 7000 Kilometer bis an die **europäischen Küsten**.

Man unterscheidet zwischen den jungen Glasaalen, den heranwachsenden Gelbaalen und den ausgewachsenen Blank- oder Silberaalen, die man an ihrer **silbrig glänzenden Unterseite** erkennt. In diesem Stadium wandern die Aale zum Ablaichen wieder in die Sargassosee zurück, wo sie anschließend sterben.

Der hohe Fettgehalt macht den Aal zu einer besonderen Delikatesse. Deshalb sollten Sie bei erwachsenen Aalen darauf achten, **möglichst dicke** zu kaufen. Kaufen Sie die Tiere möglichst lebend, denn sobald sie tot sind, verderben sie sehr schnell.

Alaska-Seelachs

Der Alaska-Seelachs lebt in den **Randgebieten des Nordpazifiks** in 30 bis 400 Metern Tiefe. Obwohl er erst in den 80er-Jahren des 20. Jahrhunderts als Speisefisch entdeckt wurde, gehört er bei uns heute dennoch schon zu den wirtschaftlich bedeutendsten Arten.

Obwohl er nichts mit der Familie der Lachse zu tun hat, hat es die Fischindustrie geschafft, für ihn den Namen „Alaska-Seelachs" durchzusetzen. In Wirklichkeit ist der Alaska-Seelachs mit dem Kabeljau verwandt. Er hat den gleichen **lang gestreckten Körper** und je einen **Bartfaden** an der Unterlippe und unter dem Kopfansatz. Meist wird der Alaska-Seelachs ca. 80 cm lang.

Der Alaska-Seelachs hat sehr **zartes, weißes** bis leicht **rosafarbenes Fleisch**. Es wird zu uns fast nur tiefgefroren importiert, meist in Form von Fischstäbchen, Schlemmerfilets und anderen Tiefkühlgerichten.

Knusper-Fischbällchen mit Tomatendip

Zubereitung:

1. Das Alaska-Seelachsfilet über Nacht im Kühlschrank auftauen lassen. Die Auftauflüssigkeit abgießen, das Fischfilet trocken tupfen und fein würfeln.
2. Die Fischfiletwürfel in der elektrischen Küchenmaschine (mit Schneidemessern) zerkleinern und dann in eine Schüssel geben.
3. Die Kräuter waschen und trocken schütteln. Die Petersilie fein hacken und den Schnittlauch in feine Röllchen schneiden. Die Zitrone waschen, die Schale einer Zitronenhälfte abreiben und den Saft der ganzen Zitrone auspressen.
4. Die Kräuter, Zitronensaft und -schale, Salz, Pfeffer, Eier, Quark und Paniermehl zum Fisch in die Schüssel geben. Alle Zutaten zu einer glatten Masse verrühren und aus der Farce kleine Bällchen formen.
5. Die Mandeln und Cornflakes grob zerbröseln und die Fischbällchen darin wälzen.
6. Für den Tomatendip die Tomaten waschen und sehr fein würfeln. Die Petersilie waschen, trocken schütteln und fein schneiden.
7. Das Tomatenmark, die Mayonnaise und den Schmant mit den Tomatenwürfeln und der Petersilie verrühren und mit Salz sowie Paprikapulver würzen.
8. Das Öl in einer Pfanne erhitzen und die Fischbällchen rundherum ca. vier Minuten bei milder Hitze braten. Achtung: Das Öl darf dabei nicht zu stark erhitzt werden, sonst werden die Mandeln und Cornflakes schwarz!
9. Die Fischbällchen auf Tellern verteilen und mit dem Tomatendip servieren. Dazu passt ein Karottensalat.

Zutaten:

für 4 Personen

Für die Fischbällchen:

600 g tiefgekühltes Alaska-Seelachsfilet
1 Bund glatte Petersilie
1 Bund Schnittlauch
1 unbehandelte Zitrone
2 Eier
3 EL Magerquark
2 EL Paniermehl
50 g gehobelte Mandeln
5 EL Cornflakes
5 EL Öl
Salz
Pfeffer

Für den Tomatendip:

2 Tomaten
1 Bund glatte Petersilie
3 EL Tomatenmark
3 EL Salatmayonnaise
200 g Schmant
Salz
Paprikapulver

Bachforellen mit Riesling-Sabayon

Zutaten:

für 4 Personen

600 g Kartoffeln
4 Bachforellen à 350 g
700 ml Riesling
2 Lorbeerblätter
3 Zitronenscheiben
½ TL Pfefferkörner
Salz

3 Eigelb
1 Ei
1 TL Senf
1 Prise Zucker
1 Bund glatte Petersilie
1 EL Butter

Zubereitung:

1. Die Kartoffeln waschen, schälen, in reichlich Salzwasser aufsetzen und zum Kochen bringen. Bei geschlossenem Deckel ca. 20 Minuten köcheln lassen.

2. Die Forellen unter kaltem, fließendem Wasser abwaschen und trocken tupfen.

3. In einem großen Topf 600 ml von dem Riesling mit den Lorbeerblättern, Zitronenscheiben, Pfefferkörnern, einem halben Teelöffel Salz und 500 ml Wasser zum Kochen bringen. Die Forellen in den kochenden Sud geben und bei geringer Hitze 15 Minuten gar ziehen lassen.

4. Die Eigelbe mit dem Ei, dem Senf, dem restlichen Riesling, Zucker und etwas Salz in ein Gefäß geben und in einem heißen Wasserbad mit einem Schneebesen fünf bis sechs Minuten dicklich-cremig aufschlagen. Das Gefäß aus dem Wasserbad nehmen und zwei bis drei Minuten weiterschlagen.

5. Die Petersilie waschen, trocken schütteln und fein hacken. Die Kartoffeln abgießen, Butterflöckchen darübergeben und mit der Petersilie bestreuen.

6. Die Forellen aus dem Sud nehmen, abtropfen lassen und auf Tellern anrichten. Die Kartoffeln mit der Sabayon zu den Forellen geben und servieren.

Tipp:
Ob die Forellen gar sind, können Sie daran erkennen, wenn Sie die Rückenflosse herausziehen und kein Fleisch mehr an ihr haften bleibt.

Bachforelle

Die Bachforelle ist die wohl bekannteste Forellenart. Ursprünglich war sie nur in kalten Gebirgsflüssen und -seen **Europas** heimisch, wurde später jedoch auch in den **USA** angesiedelt.

Sie hat eine **kupferbraune Haut** mit **rosa- oder orangefarbenen Flecken**. Normalerweise wiegt eine Bachforelle zwischen 300 und 500 g und hat eine Länge von 15 bis 20 cm.

Sie verfügt über delikates, mageres, **rosafarbenes Fleisch**, das **wenig Gräten** hat. Frische Bachforellen sind leider im Handel kaum erhältlich. Daher wenden Sie sich am besten an einen Angler oder angeln Ihre Bachforellen ganz einfach selbst.

Zutaten:
für 4 Personen

- 4 küchenfertige Bachsaiblinge à 320 g
- 6 EL Zitronensaft
- 200 g kleine Schalotten
- 2 Äpfel
- 30 g Zucker
- 100 ml Gemüsefond
- 100 ml Cidre
- 2–3 EL Crème fraîche
- 150 g Mehl
- 2 EL Butter
- 4 EL Öl
- Salz
- Pfeffer

Bachsaibling

Der Bachsaibling ist ein mit dem Lachs verwandter Süßwasserfisch. Er stammt ursprünglich aus dem **Osten Nordamerikas**. In **Europa** wurde er Ende des 19. Jahrhunderts eingeführt, sodass er mittlerweile als heimisch bezeichnet werden kann. Er ist ein **Raubfisch**, der sich gerne in fließenden Gewässern mit einer starken Strömung aufhält. Er bevorzugt sauerstoffarme, kältere Gewässer.

Die meisten Bachsaiblinge haben ein ungefähres Gewicht von etwa 1 kg und eine Körperlänge von ca. 35 cm. Sie können jedoch bis zu 3 kg wiegen und 50 cm lang werden. Man erkennt sie an ihrem **gelblich roten Bauch** und den **roten und gelben Flecken** auf ihrem **dunkeloliv** gefärbten Fischkörper.

Der Bachsaibling ist sowohl in seinem Geschmack als auch in der Größe der ebenfalls mit ihm verwandten Forelle sehr ähnlich, sodass man ihn beim Kochen meist als **Alternative zur Forelle** verwenden kann.

Gebratener Bachsaibling mit Cidre-Schalotten-Soße

Zubereitung:

1. Die Saiblinge kalt abspülen und mit vier Esslöffeln Zitronensaft einreiben.
2. Die Schalotten schälen und eventuell halbieren. Die Äpfel schälen, entkernen, in je sechs Spalten schneiden und mit dem restlichen Zitronensaft mischen.
3. Den Zucker in einem Topf karamellisieren lassen. Die Schalotten darin wenden, mit dem Gemüsefond ablöschen und das Ganze zugedeckt sieben Minuten garen.
4. Den Cidre zugießen und auf die Hälfte einkochen. Die Crème fraîche hinzugeben und cremig einkochen. Mit Salz und Pfeffer würzen und die Apfelspalten unterheben und erwärmen.
5. Für die Saiblinge Mehl, Salz und Pfeffer in einer flachen Arbeitsschale mischen. Die Saiblinge in der Mehlmischung wenden und leicht abklopfen.
6. Je einen Esslöffel Butter und zwei Esslöffel Öl in zwei großen Pfannen erhitzen. Die Saiblinge bei mittlerer Hitze ca. vier bis fünf Minuten von jeder Seite braten.
7. Die Saiblinge auf großen Tellern mit der Cidre-Schalotten-Soße anrichten und servieren. Dazu passen Petersilien-Stampfkartoffeln.

Doradenfilet auf Kartoffel-Rucola-Salat

Zutaten:
für 4 Personen

750 g kleine, neue Kartoffeln
1 Bund Frühlingszwiebeln
250 g Cherrytomaten
150 g Rucola
3 Knoblauchzehen
150 ml Gemüsebrühe
6 EL Aceto bianco
7 EL Olivenöl
1 Prise Zucker
1 Bund glatte Petersilie
1 unbehandelte Orange
8 Doradenfilets
evtl. 1 Schale Calendulablüten (Ringelblumen)
Salz
Pfeffer

Zubereitung:

1. Die gewaschenen Kartoffeln in reichlich Salzwasser aufsetzen und zum Kochen bringen. Bei geschlossenem Deckel ca. 20 Minuten köcheln lassen.

2. Inzwischen die Frühlingszwiebeln putzen, waschen und in schräge Ringe schneiden. Die Tomaten waschen und halbieren. Den Rucola putzen, waschen und grob schneiden, den Knoblauch schälen und fein würfeln.

3. Die lauwarme Gemüsebrühe, den Essig, vier Esslöffel Olivenöl, Salz, Pfeffer, Zucker und ein Drittel des Knoblauchs zu einer Vinaigrette verrühren.

4. Die Kartoffeln abgießen, mit kaltem Wasser abschrecken, pellen und halbieren. Die Salatzutaten in eine Schüssel geben und die Vinaigrette darübergießen. Die Zutaten vorsichtig mischen und mit Salz und Pfeffer kräftig abschmecken.

5. Die Petersilie waschen, trocken schütteln und grob schneiden. Die Orange waschen und mit einem Zestenreißer Orangenstreifen aus der Schale schneiden.

6. Die Doradenfilets unter kaltem, fließendem Wasser abwaschen, trocken tupfen und leicht salzen.

7. Das restliche Öl erhitzen und die Fischfilets darin von beiden Seiten ca. zwei Minuten braten. Mit der Petersilie und dem restlichen Knoblauch bestreuen und ca. zwei Minuten weiterbraten.

8. Den Kartoffelsalat nach Belieben mit Calendulablütenblättern mischen und auf vier Portionstellern verteilen. Jeweils ein Doradenfilet darauf anrichten und mit ein paar Orangenzesten garnieren.

Dorade/Goldbrasse

Die Dorade oder Goldbrasse gehört zu den Meerbrassen. Sie kommt vor allem im **Mittelmeer**, aber auch im **Ostatlantik** vor und galt schon im antiken Griechenland als einer der wertvollsten Mittelmeerfische. Aphrodite, die griechische Göttin der Liebe, hielt ihn für heilig.

Eine Besonderheit der Dorade ist, dass es keine männlichen und weiblichen Tiere gibt, sondern nur **Zwitter**. Sie hat einen hohen Rücken und einen seitlich zusammengedrückten Körper. Das breite **Goldband** zwischen den Augen und die **goldenen Flecken** auf den Wangen haben ihr ihren Namen gegeben.

Doraden werden bis zu 60 cm lang und 2,5 kg schwer. Sie haben **mageres, feines, weißes Fleisch**.

Leuchtende Farben sind ein Zeichen von Frische. Der silbrig-blaue Edelfisch war immer schon eher teuer, aber sein hervorragender Geschmack ist es wert. **Wichtig:** Auf jeden Fall vorher gründlich schuppen!

Gefüllte Dorade

Zutaten:

für 4 Personen

4 küchenfertige Doraden
à 350 g
125 g getrocknete Tomaten
1 Bund Thymian
1 Bund Basilikum
10 frische Knoblauchzehen
1 unbehandelte Zitrone
500 g Tomaten
1 Bund Frühlingszwiebeln
300 g Zucchini
100 g schwarze Oliven
200 ml Weißwein
3 EL Olivenöl
Salz
Pfeffer

Zubereitung:

1. Den Backofen auf 220° C, Gas Stufe 4–5, Umluft 200° C vorheizen. Die Doraden unter kaltem, fließendem Wasser abwaschen und trocken tupfen. Die getrockneten Tomaten fein würfeln und drei Teelöffel davon beiseitestellen.

2. Thymian und Basilikum waschen und trocken schütteln. Die Hälfte des Thymians von den Stielen zupfen, das Basilikum von den Stielen zupfen und fein schneiden. Den Knoblauch schälen, vier Zehen fein würfeln und den Rest beiseitestellen.

3. Die Zitrone waschen, trocken tupfen, die Schale abreiben und den Saft auspressen. Die getrockneten Tomaten, den Thymian, das Basilikum und die Knoblauchwürfel miteinander vermischen.

4. Die Tomaten, Frühlingszwiebeln und Zucchini waschen. Die Stielansätze der Tomaten herausschneiden und die Tomaten vierteln. Die Frühlingszwiebeln und Zucchini in Stücke schneiden. Das Gemüse und die Oliven auf ein tiefes Backblech geben.

5. Die Doraden mit Salz und Pfeffer bestreuen, mit der Tomaten-Kräutermasse füllen und anschließend auf das Gemüse und die Oliven legen. Den restlichen Knoblauch und Thymian sowie die beiseitegestellten getrockneten Tomaten darübergeben.

6. Das Ganze mit dem Weißwein begießen, mit dem Olivenöl beträufeln und ca. 25 bis 30 Minuten im Backofen garen. Dazu können Sie knusprig warmes Ciabatta servieren.

Zutaten:

für 4 Personen

750 g festkochende Kartoffeln
4 Felchen
Saft einer Zitrone
2 EL Mehl
½ Bund Petersilie
½ Bund Schnittlauch
4 große Essiggurken
6 EL Weißweinessig
8 EL Öl
2 cl Weinbrand
2 EL Butter
Salz
Pfeffer
etwas Thymian zum Garnieren

Felchen

Der Felchen ist ein forellenähnlicher Lachsfisch, der in Schwärmen lebt. Die meisten Felchen sind **Süßwasserfische** und leben in den kalten, sauerstoffreichen Gebirgs- und Voralpenseen **Nordeuropas**. Einige wenige Felchen-Arten kommen auch in der **Nord- und Ostsee** vor.

Felchen haben einen lang gestreckten, seitlich zusammengedrückten Körper. Sie schimmern in den unterschiedlichsten Farben von **silbern** über **bläulich** bis **grünlich**. Sie werden zwischen 50 und 75 cm lang und maximal 3 kg schwer.

Der **fettarme** Fisch hat wohlschmeckendes Fleisch und ist ein äußerst beliebter Speisefisch. Er hat relativ große Schuppen, sodass er je nach Zubereitungsart geschuppt werden muss. Alle Rezepte mit Felchen kann man ebenso gut mit Forelle zubereiten.

Felchen mit Buttersoße und Kartoffelsalat

Zubereitung:

1. Die gewaschenen Kartoffeln in reichlich Salzwasser aufsetzen und zum Kochen bringen. Bei geschlossenem Deckel ca. 20 Minuten köcheln lassen und abgießen.
2. Die Felchen filetieren, häuten und die Fischfilets unter fließendem, kaltem Wasser abwaschen, trocken tupfen, eventuelle Gräten entfernen, die Filets mit etwas Zitronensaft beträufeln, salzen, pfeffern und mit Mehl bestäuben.
3. Petersilie und Schnittlauch waschen und trocken schütteln, die Petersilie fein hacken, den Schnittlauch in feine Röllchen schneiden.
4. Die fertig gegarten Kartoffeln etwas auskühlen lassen, schälen und in dünne Scheiben schneiden. Die Essiggurken in Streifen schneiden.
5. Aus dem Weißweinessig, sechs Esslöffeln Öl, Salz und Pfeffer eine Marinade herstellen und mit den lauwarmen Kartoffelscheiben und den Essiggurken vermischen, anschließend mit den Kräutern bestreuen.
6. In einer Pfanne das restliche Öl erhitzen und die Filets darin knusprig goldbraun braten. Die Fischfilets aus der Pfanne nehmen und warm stellen.
7. Den restlichen Zitronensaft sowie den Weinbrand zum Bratensatz geben und die Soße mit der kalten Butter aufschlagen. Den Kartoffelsalat auf Tellern anrichten, die Fischfilets dazugeben, mit dem Thymian garnieren und die Soße angießen.

Forelle

Die Forelle ist der bekannteste **Süßwasserfisch**. Sie gehört zu den lachsartigen Fischen, von denen es viele verschiedene Rassen und Formen gibt wie z. B. die Bach-, See- oder Regenbogenforelle. Alle Forellenarten haben unterschiedliche Lebensweisen und Körperformen. Die verschiedenen Arten und Unterarten der Forelle sind auf der ganzen Welt vertreten.

Frische Forellen müssen einen intakten Schleimmantel, **klare Augen** und **rote Kiemen** haben.

Sie eignen sich übrigens auch sehr gut zum Einfrieren, weil sie im Vergleich zu vielen anderen Fischen sehr kompakt sind.

Gebratene Forelle „Italienische Müllerin"

Zubereitung:

1. Die Kartoffeln waschen, mit der Schale in reichlich Salzwasser aufsetzen und zum Kochen bringen. Bei geschlossenem Deckel ca. 20 Minuten köcheln lassen, abgießen, abschrecken und pellen. Danach etwas abkühlen lassen und dann vierteln.
2. Die Forellen unter kaltem, fließendem Wasser abwaschen und trocken tupfen. Mit Salz und Pfeffer von innen und außen bestreuen. Thymian und Rosmarin waschen, trocken schütteln und die Rosmarinnadeln von den Stielen zupfen.
3. Den Knoblauch schälen und in Scheiben schneiden, die Pinienkerne grob hacken. Die Zitrone waschen, abtrocknen und in Scheiben schneiden.
4. Drei Esslöffel von dem Olivenöl in eine beschichtete Pfanne geben und erhitzen. Die Kartoffelviertel darin rundherum braun braten. Kurz vor Ende der Bratzeit mit den Rosmarinnadeln, etwas Knoblauch, Salz und Pfeffer würzen und kurze Zeit weiterbraten. Anschließend die Kartoffeln warm stellen.
5. Das restliche Olivenöl in einem Bräter erhitzen. Die Forellen rundherum in Mehl wenden, abklopfen und im heißen Öl rundherum 10 bis 12 Minuten bei mittlerer Hitze braten. Dabei die Forellen ab und zu vorsichtig wenden.
6. Nach acht Minuten den Thymian, den restlichen Knoblauch und die Zitronenscheiben hinzufügen und mitbraten.
7. Kurz vor Ende der Bratzeit die Pinienkerne dazugeben und goldbraun braten. Die Forellen mit den Rosmarinkartoffeln servieren und dazu einen gemischten Salat reichen.

Zutaten:
für 4 Personen

700 g Kartoffeln
4 küchenfertige Forellen à 300 g
1 Bund Thymian
2 Stiele Rosmarin
8 frische Knoblauchzehen
50 g Pinienkerne
1 unbehandelte Zitrone
8–10 EL Olivenöl
Mehl
Salz
Pfeffer

Thai-Forelle in Folie

Zubereitung:

1. Die Forellen unter kaltem, fließendem Wasser von innen und außen abwaschen und trocken tupfen.

2. Die Soße abtropfen lassen und dabei Gemüse und Soße getrennt voneinander auffangen.

3. Die Forellen mit Salz und Zitronenpfeffer würzen, mit einem Teil des Gemüses füllen, die Öffnungen mit kleinen Holzspießen fixieren und die Forellen von außen mit etwas Soße bestreichen.

4. Die Karotten, den Ingwer und den Knoblauch schälen. Den Sellerie und die Frühlingszwiebeln waschen und putzen. Alle Gemüsesorten in feine Stifte oder Ringe schneiden und den Knoblauch fein hacken.

5. Vier Stücke Alufolie mit dem Öl bestreichen, das Gemüse darauf verteilen und jeweils eine Forelle auf das Gemüse setzen.

6. Die restliche Soße und das chinesische Gemüse auf dem frischen Gemüse verteilen, die Alufolienstücke verschließen und das Ganze auf dem Grill garen. Nach Wunsch mit Langkornreis und Wildreis servieren.

Zutaten:

für 4 Personen

4 kleine, küchenfertige Forellen
1 Glas Uncle Ben's Soße Chinesische Art – Süßsauer und Ananas (400 g)
3 Karotten
1 Stück frischer Ingwer
4 Knoblauchzehen
2 Stangen Staudensellerie
4 Frühlingszwiebeln
2 EL Speiseöl
Salz
Zitronenpfeffer

Garnelen/Krabben/Shrimps

Garnelen sind die weltweit beliebtesten und am häufigsten verzehrten **Krustentiere**. Rund um den Globus tummeln sich von ihnen in **Seen**, **Flüssen** und **Meeren** tausende von Unterarten.

Garnelen und Shrimps bzw. Krabben sind nur unterschiedliche Bezeichnungen für ein und dasselbe Tier. So bezeichnet der Handel Garnelen, die weniger als 5 cm lang sind, als Shrimps oder Krabben.

Garnelen haben in der Regel längliche, **gekrümmte Körper** und **lange Fühler** am Kopf.

Generell kann man sagen, dass das Fleisch von Garnelen aus Kaltwasserzonen besser schmeckt als das von Garnelen, die in wärmeren Gewässern leben.

Krabbencocktail auf Chicorée

Zutaten:

für 4 Personen

125 g Staudensellerie
50 g Rucola
1 unbehandelte Pink Grapefruit
200 g Chicorée
1 Bund Schnittlauch
1 Bund Dill
100 g Crème fraîche
100 ml süße Sahne
1 EL Tomatenketchup
2 EL Cognac
200 g Nordseekrabben
200 g Eismeergarnelen
Salz
Cayennepfeffer

Zubereitung:

1. Den Staudensellerie waschen, putzen und in feine Stücke schneiden. Den Rucola waschen und abtropfen lassen. Die Grapefruit dick abschälen und filetieren.
2. Den Chicorée putzen, waschen und die einzelnen Blätter vorsichtig lösen. Schnittlauch und Dill waschen, trocken schütteln und fein schneiden.
3. Crème fraîche, Sahne, Tomatenketchup, Cognac, Salz und Cayennepfeffer zu einem Dip verrühren.
4. Staudensellerie, Grapefruit, Nordseekrabben, Eismeergarnelen, Schnittlauch, Dill und den Dip miteinander vermischen.
5. Jeweils zwei Chicoréeblätter auf Tellern verteilen. Den Rucola zuerst in die Chicorée-Schiffchen geben und den Krabbencocktail darauf anrichten. Dazu warmes Ciabatta servieren.

Bunter Reissalat mit Shrimps

Zubereitung:

1. Den Backofen auf 250° C, Gas Stufe 6, Umluft 230° C vorheizen. Den Reis nach Packungsanweisung zubereiten, abschütten und gut abtropfen lassen.

2. Inzwischen die Shrimps waschen und trocken tupfen. Den Knoblauch schälen und die Chilischoten waschen, putzen und entkernen.

3. Knoblauch und Chilis fein hacken und mit Limettensaft und -schale, Sojasoße, Öl und Zucker verrühren. Die Shrimps in der Hälfte der Soße marinieren lassen.

4. Die Paprikaschoten vierteln, entkernen, waschen und ca. 10 Minuten im Backofen backen. Anschließend ein feuchtes Küchentuch darüberlegen, dann die Schoten häuten und in Streifen schneiden.

5. Die Mango schälen und das Fruchtfleisch in Spalten vom Stein schneiden. Die Frühlingszwiebeln waschen, putzen und mit dem Grün in Ringe schneiden. Die Sojasprossen abspülen und gut abtropfen lassen.

6. Alles mit dem abgekühlten Reis, den Paprikastreifen und der restlichen Soße mischen. Die Erdnüsse in einer beschichteten Pfanne ohne Fett leicht anrösten. Dann die Shrimps mit der Marinade hinzugeben, zwei bis drei Minuten mitbraten und auf dem Salat anrichten.

Zutaten:
für 4 Personen

150 g USA-Langkornreis Parboiled
150 g küchenfertig gegarte TK-Shrimps, ohne Kopf und Schale, aufgetaut
1 Knoblauchzehe
1–2 rote Chilischoten
Saft und abgeriebene Schale von 2 unbehandelten Limetten
50 ml Sojasoße
4 EL Öl
1 TL Zucker
je 1 rote und gelbe Paprikaschote
1 kleine Mango (300 g)
4 Frühlingszwiebeln
100 g Sojasprossen
60 g ungesalzene Erdnüsse
Salz

Curry-Kokos-Garnelen

Zutaten:

für 4 Personen

½ Flasche Kühne Curry-Soße (125 ml)
50 ml Kokosmilch
400 g küchenfertige Garnelen
200 g Zuckerschoten
je 1 rote und gelbe Paprikaschote
2 Zwiebeln
2 Knoblauchzehen
Salz
Pfeffer

Zubereitung:

1. Die Soße mit der Kokosmilch verrühren.

2. Die Garnelen und Zuckerschoten waschen und gut abtropfen lassen. Die Paprikaschoten halbieren, entkernen, waschen und in grobe Stücke schneiden.

3. Die Zwiebeln und den Knoblauch schälen. Die Zwiebeln in Spalten und den Knoblauch in Scheiben schneiden.

4. Die Garnelen und das Gemüse auf vier Stücken Alufolie verteilen und mit der Curry-Kokos-Soße beträufeln. Dann alles mit Salz und Pfeffer würzen, die Folienstücke verschließen und auf dem Grill ca. 20 bis 30 Minuten garen. Dazu schmecken gegrillte Brotscheiben, die anschließend mit Knoblauch abgerieben werden.

Schnelle Paella

Zubereitung:

1. Die Zwiebel und den Knoblauch schälen. Die Zwiebel hacken und im heißen Öl glasig dünsten. Den Knoblauch dazupressen, zwei Minuten mitgaren und die Kurkuma unterrühren.

2. Den Reis hinzufügen und glasig dünsten. 150 ml von dem Weißwein angießen und köcheln lassen, bis die Flüssigkeit aufgenommen ist. Diesen Vorgang zweimal mit je 150 ml Fischfond und einmal mit 150 ml Weißwein wiederholen.

3. Den restlichen Wein und Fischfond, die Garnelen, den abgetropften Lachs, das Gemüse und die Erdnüsse hinzufügen und zugedeckt garen, bis die Flüssigkeit fast vollkommen aufgenommen wurde.

4. In der Zwischenzeit die Petersilie waschen, trocken schütteln und von den Stielen zupfen. Dann die Paella mit Pfeffer abschmecken und mit der Petersilie garnieren.

Tipp: Für eine traditionellere Version können Sie anstatt Lachs 110 g gegarte Miesmuscheln und 110 g gereinigte Jakobsmuscheln mit den Garnelen und dem Gemüse hinzufügen.

Zutaten:
für 4 Personen

1 mittelgroße Zwiebel
1 Knoblauchzehe
2 EL Erdnussöl
½ EL Kurkuma
300 g Langkorn- oder Paella-Reis
430 ml Weißwein
430 ml Fischfond
225 g Tiger-Garnelen, geschält und gekocht
210 g Lachs aus der Dose
250 g gemischtes TK-Gemüse mit Paprika
80 g geröstete, gesalzene USA-Erdnüsse
frisch gemahlener, schwarzer Pfeffer
etwas glatte Petersilie zum Garnieren

Zutaten:

für 4 Personen

1 küchenfertiger, geschuppter Hecht von ca. 1,3 kg
1 Bund Petersilie
1 Bund Majoran
1 Packung Semmelknödel (Fertigprodukt)
300 g Pfifferlinge oder Champignons
1 unbehandelte Zitrone
300 g Frühstücksspeck in Scheiben
100 g Butter
Salz
weißer Pfeffer

Hecht

Der Hecht hat seinen Lebensraum in Seen und fließenden Gewässern **Europas, Asiens** und **Nordamerikas**. Der **Raubfisch** ist sehr standorttreu und bevorzugt ruhige, warme Gewässer. Dort lauert er dicht unter der Wasseroberfläche auf Beute.

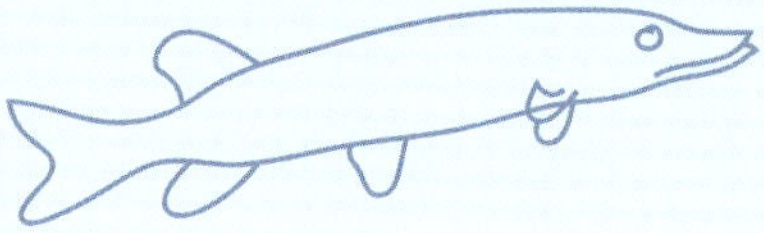

Der Hecht hat einen torpedoartigen Körper, dessen Färbung je nach Aufenthaltsort und Alter variieren kann. Die Färbung reicht von **gelblich grün** über **braun** und **grau**. Der Hecht hat einen langen Kopf mit einem charakteristischen Maul in der Form eines **Entenschnabels**. Außerdem verfügt er über lange, spitze Zähne.

Hechte wachsen sehr schnell heran. Die Hechtweibchen werden etwas größer als die Männchen und können bis zu 25 kg schwer und 1,5 m lang werden. Hechtfleisch ist wohlschmeckend, **fettarm**, enthält aber viele kleine Gräten.

Hecht im Speckmantel mit Pilzen und Knödeln

Zubereitung:

1. Vom Hecht die Rücken-, Brust- und Bauchflossen abschneiden, den Fisch unter kaltem, fließendem Wasser abwaschen und trocken tupfen.

2. Die Kräuter waschen, trocken schütteln, etwas davon für die Garnitur beiseitelegen und den Rest hacken.

3. Den Backofen auf 200° C, Gas Stufe 3–4, Umluft 180° C vorheizen, die Fettpfanne herausnehmen und mit Backpapier auslegen. Die Knödel nach Packungsanweisung vorbereiten.

4. Die Pilze abbürsten, schlechte Stellen abschneiden und die Pilze falls nötig klein schneiden. Die Zitrone waschen, trocken reiben und in acht Spalten schneiden.

5. Den Hecht innen mit Salz und Pfeffer würzen und die gehackten Kräuter in die Bauchhöhle geben. Den Fisch mit den Speckscheiben umwickeln und auf die Fettpfanne setzen.

6. Den Hecht auf der mittleren Schiene in den Backofen geben und 25 bis 30 Minuten garen. 15 Minuten vor Ende der Garzeit auf 180° C, Gas Stufe 2–3, Umluft 160° C herunterschalten.

7. Inzwischen die Knödel nach Packungsanweisung zubereiten, die Pilze in etwas Butter fünf Minuten dünsten und nach Belieben mit Salz und Pfeffer würzen. Die restliche Butter erhitzen und mit den Pilzen über die fertigen Knödel geben. Den Hecht mit den restlichen Kräutern und den Zitronenachteln garniert anrichten.

Heilbutt mit Apfel-Chutney

Zutaten:

für 4 Personen

2 Zwiebeln
500 g aromatische Äpfel
15 g frischer Ingwer
1 kleine rote Chilischote
5 EL Öl
1 TL Currypulver
50 ml Apfelessig
70 g Zucker
½ TL Koriander, gemahlen
1–2 EL Zitronensaft
4 Heilbuttfilets
Mehl
Salz
Pfeffer

Zubereitung:

1. Die Zwiebeln schälen, vierteln und in dünne Scheiben schneiden. Die Äpfel waschen, schälen, das Kerngehäuse entfernen und die Äpfel in Würfel schneiden. Den Ingwer putzen, schälen und fein hacken. Die Chilischote waschen, entkernen und in feine Streifen schneiden.

2. Zwei Esslöffel Öl in einem Topf erhitzen und die Zwiebeln darin glasig dünsten. Die Apfelwürfel, den gehackten Ingwer und die Chilischote dazugeben, kurz mitdünsten und alles mit dem Currypulver bestäuben.

3. Den Essig, drei Esslöffel Wasser sowie den Zucker unterrühren und mit Koriander, Salz und Pfeffer würzen. Einmal aufkochen lassen und bei geringer Hitze ca. 20 Minuten einkochen. Die Apfelwürfel dürfen nicht zerfallen. Mit Salz, Pfeffer und Zitronensaft abschmecken.

4. Die Fischfilets unter fließendem, kaltem Wasser abwaschen, trocken tupfen und in Mehl wenden. Das restliche Öl in einer Pfanne erhitzen und die Filets darin von jeder Seite goldbraun braten. Mit Salz und Pfeffer würzen.

5. Die Fischfilets mit dem Apfel-Chutney auf Tellern anrichten. Dazu passen hervorragend Salzkartoffeln.

Heilbutt

Der Heilbutt hat seinen Lebensraum in den südarktischen Kaltwassergebieten vor **Schottland, Norwegen, Island** und **Neufundland**. Er ist ein **Grundfisch**, der am Meeresboden in bis zu 2000 Metern Tiefe gut getarnt auf seine Beute lauert.

Der Heilbutt ist ein **rechtsäugiger** Plattfisch. Er hat einen länglichen Körper mit **dunkelbrauner** bis **rötlicher** Färbung und ein großes Maul mit langen, scharfen Zähnen. Er ist der **Riese unter den Plattfischen** und kann bis zu 2 m lang und 200 kg schwer werden. Meist wiegt er jedoch zwischen 3 und 15 kg.

Der Heilbutt gehört zu den Edelfischen. Sein Fleisch gilt als Delikatesse. Man unterscheidet zwischen dem **„echten" weißen Heilbutt** und dem **schwarzen Heilbutt**, einem Artverwandten mit dunklerer Färbung, der nicht an die geschmackliche Qualität des weißen Heilbutts herankommt.

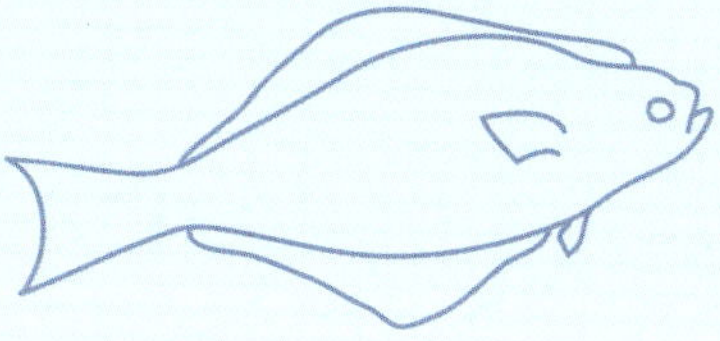

Hering

Der Hering ist ein kleiner **Schwarmfisch** mit schmalem, **silbrig glänzendem Körper**. Meist erreicht er eine Länge von bis zu 40 cm. Heringsschwärme leben in den kalten **Nordmeeren**. Sie werden meist nach der Region benannt, in der sie vorkommen, z. B. Nordseehering, Atlantischer Hering, usw.

Den Hering kennt man hauptsächlich in eingelegtem oder anders verarbeitetem Zustand unter den Bezeichnungen **Matjes, Rollmops, Bückling, Bismarckhering** usw. Das liegt an seinem **fetten Fleisch**, das durch Räuchern (Bückling), Pökeln (Matjes) oder Marinieren (Rollmops, Bismarckhering) usw. haltbar gemacht wird.

Frischer Hering ist vermutlich der schmackhafteste Fisch, den es gibt. Er wird als **grüner Hering** bezeichnet und sollte sofort verarbeitet oder verzehrt werden, weil er durch seinen hohen Fettgehalt schnell ranzig wird.

Matjes mit eingelegten Schalotten

Zubereitung:

1. Die Schalotten schälen. Den Rotwein, Essig, Lorbeer, Zucker, Pfefferkörner und Wacholderbeeren in einen Topf geben und zusammen aufkochen. Die Schalotten hinzufügen, ca. 12 Minuten dünsten und abkühlen lassen.

2. Inzwischen die Kartoffeln waschen, mit Schale in reichlich Salzwasser aufsetzen und zum Kochen bringen. Bei geschlossenem Deckel ca. 20 Minuten köcheln lassen und abgießen. Anschließend abschrecken, pellen und abkühlen lassen.

3. Die abgekühlten Kartoffeln in dicke Scheiben schneiden. Den Rosmarin waschen, trocken schütteln und die Nadeln von den Stielen zupfen.

4. Das Öl erhitzen, die Kartoffelscheiben mit dem Rosmarin darin rundherum knusprig braun braten und mit Salz sowie Pfeffer würzen.

5. Die Matjesfilets, die Kartoffeln und die Schalotten auf Tellern verteilen und servieren.

Tipp:
Servieren Sie zu diesem Gericht doch einen Knoblauch-Dip. Dafür drei fein gehackte Knoblauchzehen mit 150 g Schmant, 100 g frischer Mayonnaise aus einem Feinkost- oder Fischgeschäft, 1 Bund fein geschnittenem Schnittlauch, Salz und 2 TL Zitronensaft verrühren.

Zutaten:

für 4 Personen

400 g Schalotten
150 ml Rotwein
100 ml Rotweinessig
1 Lorbeerblatt
2 EL Zucker
10 Pfefferkörner
6 Wacholderbeeren

600 g Kartoffeln
3 Stiele Rosmarin
3 EL Öl
4 doppelte Matjesfilets mit Schwanz à 130 g
Salz
frisch gemahlener Pfeffer

Matjes mit Birnen, Bohnen und Speck

Zubereitung:

1. Die Crème fraîche mit der Petersilie verrühren und mit Salz sowie Pfeffer würzen.

2. Die Birnen und die Banane schälen. Bei den Birnen das Kerngehäuse entfernen und die Birnen in Stücke schneiden. Die Birnenstücke, die Banane, Zucker, Vanillearoma und Birnengeist mit dem Zitronensaft in einem Topf weich dünsten und pürieren.

3. Die Bohnen waschen, putzen und in kochendem Salzwasser mit dem Bohnenkraut ca. zehn Minuten garen.

4. Anschließend die Bohnen bündelweise mit dem Bacon umwickeln und in dem erhitzten Öl kurz anbraten.

5. Die Matjesfilets aufrollen, mit den Spießchen fixieren und mit der Petersilien-Crème-fraîche füllen.

6. Die Petersilie waschen, trocken schütteln und die Blättchen von den Stielen zupfen. Die Walnusskerne etwas zerkleinern.

7. Jeweils zwei Matjesröllchen pro Teller auf der Birnencreme anrichten, mit den Walnusskernen und der Petersilie garnieren und jeweils zwei Bohnenpäckchen anlegen.

Zutaten:
für 4 Personen

300 g Crème fraîche
2 TL Ostmann Petersilie, gerebelt
½ TL Ostmann Pfeffer, weiß, gemahlen
2 reife Birnen
1 kleine weiche Banane
3 EL Zucker
ca. ½ TL Ostmann Vanillearoma, granuliert
2 cl Birnengeist
2 EL Zitronensaft

500 g grüne Bohnen
1 TL Ostmann Bohnenkraut, gerebelt
8 Scheiben Bacon
1 EL Speiseöl
8 Matjesfilets
Salz
etwas frische Petersilie zum Garnieren
8 Walnusskerne zum Garnieren
8 Spießchen oder Zahnstocher

Zutaten:
für 4 Personen

je 2 rote und gelbe Paprikaschoten
1 Zwiebel
4 EL Olivenöl
3 EL brauner Zucker
300 ml leichter Rotwein
100 ml Gemüsebrühe
4 EL Aceto balsamico
2 TL Ostmann Paprika, edelsüß
1 TL Ostmann Thymian, gerebelt
1 TL Ostmann Anis, ganz
3 EL Semmelbrösel
3 EL Sesam
750 g Kabeljaufilet
Saft einer Zitrone
4 EL Pflanzenöl
Salz
Ostmann Pfeffer weiß, gemahlen

Kabeljau/Dorsch

Der junge Fisch wird bis zu seiner Geschlechtsreife Dorsch, nach der Geschlechtsreife Kabeljau genannt. Er bewohnt den **Nordatlantik**, die **Nord- und Ostsee** und den **Nordpazifik**. Er ist ein stromlinienförmiger **Raubfisch** mit einem großen Kopf und einem **vorstehenden Oberkiefer**. Am Unterkiefer hat er einen **Bartfaden**, mit dem er am Meeresgrund seine Beute aufspürt.

Der Kabeljau kann über 20 Jahre alt und bis zu sechs Meter lang werden. Er liefert das optimale Fischfilet: zart-locker, **weiß**, mit **wenig Gräten** und einem feinen Geschmack. Das **fettarme** Fleisch des Kabeljaus lässt sich sehr gut trocknen, weshalb er oft als Stockfisch (luftgetrocknet) oder Klippfisch (gesalzen und getrocknet) angeboten wird.

Bis 1970 war der Kabeljau eine der verbreitetsten Fischarten der Welt. Da er sich gut lagern und verwerten lässt, leidet der Kabeljaubestand jedoch seitdem unter Überfischung und ist sogar in seinem Fortbestand bedroht.

Kabeljaufilet im Sesammantel

Zubereitung:

1. Den Backofen auf 250° C vorheizen. Die Paprikaschoten halbieren, entkernen, waschen und mit der Hautseite nach oben auf einem Blech backen.
2. Anschließend die Schoten herausnehmen, mit einem feuchten Küchentuch bedecken und etwas abkühlen lassen. Die Schoten von der Haut befreien, das Fruchtfleisch in Stücke schneiden und beiseitestellen.
3. Die Zwiebel schälen, würfeln, in dem Olivenöl anbraten, den Zucker darüberstreuen und karamellisieren lassen.
4. Das Ganze mit dem Wein, der Gemüsebrühe und dem Aceto balsamico ablöschen und mit einem Teelöffel des Paprikapulvers, Thymian, Salz und Pfeffer würzen. Alles auf etwa 220 ml einkochen lassen.
5. Den Anis grob zerstoßen und mit den Semmelbröseln, dem Sesam sowie dem restlichen Paprikapulver mischen.
6. Den Fisch in vier gleich große Stücke schneiden, salzen, pfeffern, mit Zitronensaft beträufeln und in der Panade wenden. In dem Pflanzenöl von jeder Seite etwa drei Minuten braten und dann kurz warm stellen.
7. Die beiseitegestellten Paprikastücke zwei Minuten in der Soße erwärmen und abschmecken. Das Gemüse und den Fisch auf vorgewärmten Tellern anrichten.

Kürbis-Kartoffelgratin mit Kabeljau

Zubereitung:

1. Den Kürbis mit einem Sparschäler schälen und den Stiel abschneiden. Das Kürbisfruchtfleisch von der schmalen Seite her in Scheiben mit einer Dicke von ca. ½ cm schneiden.

2. Im dickeren Bereich des Kürbisses, dort wo die Blüte saß, findet man das Kerngehäuse. Mit einem Löffel lassen sich Fasern, pelziges Fruchtfleisch und Kerne sehr gut ausschaben. Man kann den Teil des Kürbisses halbieren und in Scheiben schneiden.

3. Die Kartoffeln waschen, schälen und ebenfalls in Scheiben mit einer Dicke von ca. ½ cm schneiden. Die Kartoffelscheiben bis zur Verwendung in kaltes Wasser legen.

4. Eine rechteckige Auflaufform mit Butterschmalz einfetten. Die Kürbis- und Kartoffelscheiben gemischt in die Form füllen. Die Sahne mit den Eiern verquirlen, mit Salz und Pfeffer würzen und über die Kürbis- und Kartoffelscheiben gießen.

5. Den Backofen auf ca. 180° C, Gas Stufe 3, Umluft 160° C vorheizen, die Form auf die mittlere Schiebeleiste stellen und ca. 50 bis 60 Minuten backen.

6. Das Fischfilet in mindestens sechs gleich große Stücke schneiden, mit Salz und Pfeffer würzen und mit dem Senf bestreichen. Anschließend die Filetstücke auf dem Kürbis-Kartoffelgratin verteilen. Die Crème fraîche auf dem Fisch verteilen und im Backofen bei 200° C, Gas Stufe 4, Umluft 180° C ca. 10 Minuten backen.

7. Den Dill waschen, trocken schütteln, von den Stielen zupfen und über dem Fisch verteilen.

Tipp:
Dazu schmeckt ein grüner Salat. Statt des Kabeljaus kann man übrigens auch Lachs- oder Rotbarschfilets verwenden. Das Kürbisfruchtfleisch kann man sehr gut mit der Brotmaschine schneiden. Die Scheiben werden dann schön gleichmäßig.

Zutaten:
für 6 Personen

800 g Butternut-Kürbis
700 g Kartoffeln
Butterschmalz
400 ml süße Sahne
3 Eier
600 g Kabeljaufilet
3 EL mittelscharfer Senf
150 g Crème fraîche
1 Bund Dill
Salz
Pfeffer

Karpfen blau mit Preiselbeer-Meerrettichsahne

Zutaten:

für 4 Personen

1 küchenfertiger Karpfen mit ca. 1,7 kg
1 Bund Suppengrün
750 g Kartoffeln
1 Lorbeerblatt
4 Pimentkörner
5 Pfefferkörner
1 Prise Zucker
8 EL Essig
1 Bund glatte Petersilie
200 ml süße Sahne
3–4 TL Meerrettich
100 g Preiselbeerkompott
40 g Butter
Salz

Zubereitung:

1. Den Karpfen vorsichtig unter kaltem, fließendem Wasser abwaschen, damit die Schleimschicht nicht verletzt wird.
2. Das Suppengrün waschen, putzen und in Stücke schneiden. Die Kartoffeln waschen und schälen.
3. Das Suppengrün mit einem Liter Wasser, dem Lorbeerblatt, den Pimentkörnern, den Pfefferkörnern, Salz und Zucker in einen großen Topf geben und aufkochen. Den Essig ebenfalls in einem weiteren Topf aufkochen.
4. Den Karpfen vorsichtig in den Gemüsesud geben und löffelweise mit dem heißen Essig überziehen, damit sich die Haut „blau" färbt. Den Karpfen zugedeckt im Sud ca. 25 Minuten ziehen lassen.
5. Die Kartoffeln in reichlich Salzwasser aufsetzen und zum Kochen bringen. Bei geschlossenem Deckel ca. 20 Minuten köcheln lassen.
6. Inzwischen die Petersilie waschen, trocken schütteln und ein paar Blättchen zum Garnieren beiseitelegen. Den Rest der Petersilie von den Stielen zupfen und fein schneiden.
7. Die Sahne steif schlagen. Den Meerrettich, eine Prise Salz und das Preiselbeerkompott vorsichtig unter die Sahne heben.
8. Die Butter schmelzen, die Kartoffeln abgießen, in der Butter schwenken und mit der geschnittenen Petersilie bestreuen.
9. Den Karpfen mit der Preiselbeer-Meerrettichsahne und den Petersilienkartoffeln servieren und mit den Petersilienblättchen garnieren. Dazu nach Belieben einen grünen Salat reichen.

Karpfen

Der Karpfen ist einer der Urahnen der Gattung Fisch. Er stammt ursprünglich aus **Südosteuropa** und **Asien**. Über die Handelsroute der Seidenstraße kam er auch nach **Mitteleuropa**, wo er sich aufgrund seiner Robustheit und Anspruchslosigkeit zum wichtigsten **Teichfisch** entwickelt hat.

Karpfen haben gestreckte, **hochrückige Körper** mit **braungrüner** Farbe. Ihr **Bauch** ist **gelblich** bis **weiß** und sie haben **zwei Bartfäden** in den Mundwinkeln. Karpfen können über 100 Jahre alt werden und wiegen bis zu 30 kg.

Der Gaumen des Karpfens gilt in China als Delikatesse. Suchen Sie sich **möglichst runde** Fische aus. Diese enthalten oft Rogen oder Milch, die beide köstlich schmecken. Am besten wählen Sie einen so genannten Nackt- oder Lederkarpfen, denn diese Art hat die wenigsten Schuppen.

Krebse

Krebse sind **Krustentiere** mit zehn Füßen. Zu ihnen gehören auch die Großkrabben wie z. B. die bekannte Königskrabbe. Auch die Scampi oder Langustinen sind eine Krebsart mit langen Schwänzen. Krebse sind Abkömmlinge der wirbellosen Tiere, die es vor 390 bis 200 Millionen Jahren auf der Erde gab.

Krebse sind **Wanderer** mit einer großen Ausdauer. Jedes Jahr wandern sie hunderte Kilometer von ihren Futter- zu den Laichplätzen und zurück. Viele finden Krebse unansehnlich und eigentümlich. Man sollte dabei aber nicht übersehen, dass sich unter dem harten Panzer köstliches Fleisch verbirgt. Das **Fleisch von weiblichen Krebsen ist übrigens süßer** und delikater als das der männlichen Vertreter. Dafür haben die Weibchen jedoch wegen ihrer geringen Körpergröße weniger Fleisch in den Scheren.

Sommerliche Kräuter-Flusskrebs-Suppe

Zubereitung:

1. Die Frühlingszwiebeln putzen und waschen. Eine Frühlingszwiebel in hauchdünne lange Streifen schneiden und beiseitelegen. Die restlichen Frühlingszwiebeln in Ringe schneiden.
2. Die Karotten schälen und fein würfeln. Die Schalotten und den Knoblauch schälen und würfeln.
3. Die Kräuter waschen, trocken schütteln, von den Stielen zupfen und fein schneiden. Die Zitrone waschen, die Schale abreiben und den Saft auspressen.
4. Die Krebsbutter in einem Topf erhitzen und die Schalotten-, Knoblauch- sowie Karottenwürfel darin andünsten. Mit dem Hummerfond, dem Weißwein und der Sahne ablöschen, mit Salz, Pfeffer und Safran würzen und alles zehn Minuten köcheln lassen.
5. Die Zwiebelringe hinzufügen und weitere zwei bis drei Minuten köcheln lassen. Danach die Kräuter, das Flusskrebsfleisch, Zitronensaft und -schale hinzufügen.
6. Alles noch einmal erhitzen, kräftig mit Salz und Pfeffer abschmecken und mit den Zwiebelstreifen garnieren. Dazu knuspriges, lauwarmes Baguette servieren.

Zutaten:

für 4 Personen

1 Bund Frühlingszwiebeln
125 g Karotten
3 Schalotten
1 Knoblauchzehe
125 g gemischte Kräuter, z. B. Pimpinelle, Kerbel, Schnittlauch, Estragon
1 unbehandelte Zitrone
40 g Krebsbutter
2 Gläser Hummerfond
200 ml Weißwein
200 ml süße Sahne
1 Dose Safranfäden
300 g ausgelöstes Flusskrebsfleisch
Salz
Pfeffer

Zutaten:

für 4 Personen

150 g USA-Langkornreis Parboiled
2 Scheiben Toastbrot
80 ml Milch oder Wasser
450 g Auberginen
2 Stangen Bleichsellerie (ca. 100 g)
1 rote Paprikaschote (ca. 200 g)
2 Knoblauchzehen
1 Zwiebel
½ Bund glatte Petersilie
5–6 EL Öl
200 g frisches, gekochtes Krebsfleisch (ersatzweise aus dem Glas)
1 TL Paprikapulver, edelsüß
Fett für die Förmchen
Paprikapulver zum Bestäuben
Salz
Pfeffer

Auberginen-Creole mit Krebsfleisch

Zubereitung:

1. Den Reis in 300 ml kochendem Salzwasser etwa 20 Minuten garen, bis der Reis die gesamte Flüssigkeit aufgenommen hat. Die Toastbrotscheiben in Milch oder Wasser einweichen.

2. Die Auberginen schälen und in 2 cm große Würfel schneiden. Den Sellerie waschen, putzen und fein würfeln. Die Paprikaschote halbieren, entkernen, waschen und etwas gröber würfeln.

3. Den Knoblauch schälen und durch eine Knoblauchpresse drücken. Die Zwiebel schälen und fein würfeln. Die Petersilie waschen, trocken schütteln, die eine Hälfte fein hacken und die andere Hälfte beiseitelegen.

4. Etwas Öl in einer Pfanne erhitzen und die Auberginenwürfel unter Wenden anbraten. Das restliche Öl, Paprikaschote, Sellerie, Zwiebel und Knoblauch hinzufügen und kurz mitschmoren. Dann das Gemüse mit Salz und Pfeffer würzen.

5. Das eingeweichte Toastbrot zerkleinern und mit dem Reis und dem Gemüse mischen. Das Krebsfleisch, das Paprikapulver sowie die gehackte Petersilie unterheben und das Ganze nochmals mit Salz und Pfeffer würzen.

6. Die Creole in kleine gefettete Portionsförmchen/Auflaufförmchen füllen und mit Paprikapulver bestäuben. Bei 180° C, Gas Stufe 2–3, Umluft 160° C im vorgeheizten Ofen ca. 20 Minuten backen. Anschließend mit der restlichen Petersilie garniert servieren.

Lachs-Nudel-Pfanne mit Senfsoße

Zutaten:

für 4 Personen

600 g Lachsfilet
1 große grüne Salatgurke
1 Zwiebel
1 Bund glatte Petersilie
2 EL Butterschmalz
300 ml Gemüsebrühe
250 g Nudeln, z. B. Gnocchi
150 ml süße Sahne
3–4 TL mittelscharfer Senf
2 EL Soßenbinder für helle Saucen
Salz
Pfeffer
Zucker

Zubereitung:

1. Das Lachsfilet unter kaltem, fließendem Wasser abwaschen, trocken tupfen, in grobe Würfel schneiden und leicht salzen.
2. Die Gurke schälen, längs halbieren, entkernen und in Stücke schneiden. Die Zwiebel schälen und würfeln. Die Petersilie waschen, trocken schütteln und hacken.
3. Wasser für die Nudeln zum Kochen bringen und salzen.
4. Einen Esslöffel von dem Butterschmalz in einem Topf erhitzen und die Zwiebel- sowie Gurkenstücke darin andünsten. Alles mit der Gemüsebrühe ablöschen, Salz, Pfeffer sowie eine Prise Zucker hinzufügen und weitere zwei bis drei Minuten dünsten.
5. Zwischenzeitlich das restliche Butterschmalz in einer beschichteten Pfanne erhitzen und die Lachswürfel portionsweise darin rundherum anbraten.
6. Die Nudeln ins kochende Wasser geben, nach Packungsanweisung zubereiten, abschütten und gut abtropfen lassen.
7. Die Lachswürfel, die Sahne und den Senf zu dem Gemüse geben und weitere drei Minuten dünsten.
8. Die Petersilie zugeben, die Soße abschmecken und mit dem Soßenbinder binden. Mit den Nudeln auf Tellern anrichten und servieren.

Lachs

Lachse werden in Flüssen geboren und zählen daher zu den **Süßwasserfischen**. Anschließend wandern sie jedoch in den **Atlantik** oder **Pazifik** ab, kehren aber zum Ablaichen wieder an ihren Geburtsort im Süßwasser zurück. Auf diese Weise legen sie tausende von Kilometern zurück und werden kräftig und muskulös.

Man unterscheidet Lachse nach ihrem bevorzugten Lebensraum. Es gibt den **Atlantischen Lachs** und fünf Arten des **Pazifischen Lachses**, die allesamt kleiner sind als ihr Vertreter aus dem Atlantik.

Am schmackhaftesten ist der Atlantische Lachs. Daher werden die Pazifischen Lachse meist zu Dosenfisch verarbeitet. Das **rote Fleisch** bekommt der Fisch übrigens durch seine Beutetiere wie z. B. Garnelen. Es enthält viele **Omega-3-Fettsäuren**.

Gebratener Lachs auf Spargel

Zutaten:

für 4 Personen

600 g Lachsfilet
3 Knoblauchzehen
1 Bund glatte Petersilie
1 unbehandelte Limette
750 g weißer Spargel
750 g grüner Spargel
75 g Parmesankäse
3 EL Olivenöl
30 g Pinienkerne
Salz
Pfeffer

Zubereitung:

1. Das Lachsfilet unter kaltem, fließendem Wasser abwaschen, trocken tupfen und in vier Portionsstücke schneiden.
2. Den Knoblauch schälen und in Scheiben schneiden. Die Petersilie waschen, trocken schütteln und fein schneiden. Die Limette waschen, trocken reiben und in Scheiben schneiden.
3. Den weißen Spargel waschen und schälen, den grünen Spargel waschen und das untere Drittel schälen. Den Parmesankäse fein hobeln.
4. Den weißen Spargel in leicht gesalzenem Wasser je nach Dicke der Spargelstangen ca. 12 bis 15 Minuten dünsten. Den grünen Spargel nach fünf bis acht Minuten hinzufügen und mitdünsten.
5. Inzwischen das Olivenöl erhitzen und die Lachsfilets von beiden Seiten ca. fünf Minuten darin braten. Nach vier Minuten die Limettenscheiben, den Knoblauch und die Pinienkerne hinzufügen und kurz mitbraten. Alles mit der Petersilie, Salz und Pfeffer würzen.
6. Den Spargel auf die Teller verteilen, die Lachsfilets darauf anrichten und mit dem Parmesankäse bestreut servieren. Dazu können Sie Nudeln, z. B. Penne, reichen.

Lachsquiche

Zubereitung:

1. Den Blätterteig nach Packungsanweisung auftauen, die Quicheform einfetten und mit den Blätterteigscheiben auslegen. Den Backofen auf 200° C, Gas Stufe 3–4, Umluft 180° C vorheizen.

2. Die Champignons abbürsten, schlechte Stellen abschneiden und die Pilze in Scheiben schneiden. Die Butter und das Öl in einer Pfanne erhitzen, die Champignons dazugeben, unter ständigem Wenden anbraten und mit Salz und Pfeffer würzen.

3. Den Dill waschen, trocken schütteln und grob hacken. Den Lachs in Streifen schneiden und zusammen mit dem Dill und den Champignons auf dem Blätterteig verteilen.

4. Die Eier mit dem Schmant, dem Senf und der Sahne verrühren, mit Salz und Pfeffer pikant abschmecken und über der Lachs-Pilz-Füllung verteilen.

5. Die Quiche in den Backofen geben, ca. 30 Minuten backen und heiß servieren.

Zutaten:
für 4 Personen

1 Packung Café Condito TK-Maxiblätterteig (450 g = 4 Scheiben)
250 g frische Champignons
1 EL Butter
1 EL Olivenöl
1 Bund Dill
200 g geräucherter Lachs
3 Eier
1 Becher Schmant (200 g)
1 TL mittelscharfer Senf
4 EL süße Sahne
Quicheform (Ø 28 cm)
Fett für die Form
Salz
Pfeffer

Feine Erbsencremesuppe mit Lachsforelle

Zutaten:

für 4 Personen

350 g Lachsforellenfilet
1 unbehandelte Limette
1 Zwiebel
30 g Butter
300 g tiefgekühlte Erbsen
600 ml Gemüsebrühe
200 ml Weißwein
200 ml süße Sahne
3 TL Meerrettich
1 Bund Estragon oder glatte Petersilie
Salz
Pfeffer
etwas Salbei zum Garnieren

Zubereitung:

1. Das Fischfilet unter kaltem, fließendem Wasser abwaschen, trocken tupfen und in Würfel schneiden.

2. Die Limette waschen, abreiben und ihren Saft auspressen. Den Limettensaft und die -schale zu den Fischwürfeln geben und abgedeckt marinieren lassen.

3. Die Zwiebel schälen und fein würfeln. Die Butter in einen Topf geben und die Zwiebelwürfel darin andünsten.

4. 200 g von den Erbsen zur Zwiebel in den Topf geben und kurz mitdünsten. Anschließend das Ganze mit der Gemüsebrühe und dem Wein ablöschen, mit Salz und Pfeffer würzen und ca. acht Minuten dünsten.

5. Zwischenzeitlich die Sahne steif schlagen und den Meerrettich hinzufügen. Den Estragon bzw. die Petersilie waschen, trocken schütteln und in feine Streifen schneiden.

6. Die Erbsensuppe pürieren, durch ein Sieb streichen und nochmals erhitzen. Dann die restlichen Erbsen und die Estragon- oder Petersilienstreifen hinzufügen.

7. Die Fischfiletwürfel zusammen mit dem Limettensaft und 100 ml Wasser in einen Topf geben und ca. zwei bis drei Minuten pochieren.

8. Die Fischwürfel mit dem Sud und der Meerrettich-Sahne zur Suppe geben. Achtung: Die Suppe darf nicht mehr kochen! Alles kräftig abschmecken, auf Tellern verteilen und mit etwas Salbei garnieren. Dazu können Sie warmes Baguette servieren.

Lachs-/Meerforelle

Die Lachsforelle ist eine **Süßwasserforelle**, die zu irgendeinem Zeitpunkt ins Meer gewandert und an den **europäischen Küsten** heimisch geworden ist. Sie sieht dem Lachs zwar ähnlich, ist aber nicht mit ihm verwandt, obwohl auch sie zu den **Wanderfischen** gehört.

Die Lachsforelle hat einen torpedoförmigen, seitlich abgeflachten Körper, der bis zu 1,40 m lang werden kann. Durch ihre Ernährung bekommt das Fleisch der Lachsforelle eine **rötliche** Färbung, ähnlich der des Lachsfleisches. Beim Einkauf sollten Sie darauf achten, dass ihr **silbriger Körper hell schimmert**.

Geräucherte Makrelenmousse auf Rucola-Eichblatt-Salat

Zutaten:

für 6 Personen

Für die Mousse:
1 Bund Dill
1 Bund Schnittlauch
1 unbehandelte Zitrone
1 geräucherte Makrele (350 g)
150 g Brunch Joghurt-Frischkäsezubereitung
100 g Crème fraîche
Salz
Pfeffer
Rosa Beeren zum Garnieren

Für den Salat:
300 g gemischter Salat, z. B.
heller Eichblattsalat, Rucola und Feldsalat
150 g Staudensellerie
2 Orangen

Für die Vinaigrette:
1 Orange
6 EL Walnussöl
4 EL Himbeeressig
Salz
frisch gemahlener Pfeffer
1 Prise Zucker

Zubereitung:

1. Den Dill und den Schnittlauch waschen, trocken schütteln und fein schneiden. Die Zitrone waschen, abreiben und den Saft auspressen.

2. Die Makrele häuten, entgräten und das Fischfleisch in eine Schüssel geben.

3. Den Frischkäse, die Crème fraîche, Zitronensaft und -schale, Salz und Pfeffer hinzufügen und alles pürieren. Dill und Schnittlauch unterrühren und die Masse in einer Schüssel ca. für eine halbe Stunde kalt stellen.

4. Den Salat putzen, waschen, in mundgerechte Stücke zupfen und gut abtropfen lassen. Den Staudensellerie putzen, waschen und fein schneiden. Die Orangen waschen, abtrocknen, filetieren und mit dem Salat und dem Sellerie mischen.

5. Für die Vinaigrette die Orange auspressen und den Orangensaft mit dem Walnussöl, dem Himbeeressig, Salz, Pfeffer und Zucker verrühren. Alles kräftig abschmecken, zum Salat geben, kurz mischen und den Salat auf Portionstellern verteilen.

6. Von der Makrelenmousse mit einem Esslöffel Nocken abstechen, auf dem Salat anrichten, mit Rosa Beeren bestreuen und servieren. Dazu passt Baguette.

Makrele

Makrelen sind **Schwarmfische**, die in den Küstengewässern **Nordamerikas**, in der **Nordsee**, im **Mittelmeer** und im **Schwarzen Meer** vorkommen. In den Wintermonaten leben sie am Meeresgrund, ohne zu fressen. Daher ist ihre Fangzeit auf den Sommer begrenzt.

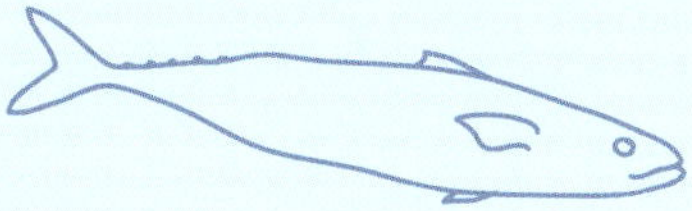

Der **Raubfisch** hat eine **grünlich blaue Haut** mit wellenförmigen **schwarzen** und **grünen Bändern** auf dem Rücken. Er erreicht eine Länge von 30 bis 50 cm und hat schmackhaftes, **rötliches Fleisch** und einen vollen, delikaten Geschmack. Besonders köstlich schmecken Makrelen, wenn sie **fangfrisch** sind. Außerdem schmecken kleinere Exemplare meist besser als die großen.

Zutaten:
für 4 Personen

Für den Fisch:

1 Meeräsche
Saft einer unbehandelten Zitrone
etwas Mehl
200 g gehackte Haselnüsse
2 Eier
Butter für die Form
Salz
Pfeffer

Für den Salat:

2 Fenchelknollen
200 g Walnüsse
1 unbehandelte Zitrone
1 unbehandelte Orange
2 Äpfel
1 Banane
1 Becher Kefir
2 EL Crème fraîche
1 TL Currypulver
1 TL Paprikapulver, edelsüß
etwas Zucker
Salz
Pfeffer

Meeräsche

Meeräschen sind **Schwarmfische**, die bevorzugt an steinigen **Küsten** und **Flussmündungen** rund um den Globus leben. Sie brauchen einen Lebensraum mit viel Algenbewuchs, da sie die Algen am Meeresboden regelrecht „abgrasen" wie Schafe.

Die scheuen Fische haben einen lang gestreckten, kräftigen Körper. Ihr **Rücken** ist **grün-silbrig** bis **bräunlich**, der **Bauch** ist **weiß**. Besondere Kennzeichen sind die zwei deutlich **voneinander getrennten Rückenflossen** und die wulstartig vergrößerte Oberlippe. Meeräschen werden bis zu 60 cm lang und 4,5 kg schwer.

Die Meeräsche hat **mageres**, **cremeweißes Fleisch**, das sehr delikat ist. Ihr Rogen schmeckt ebenfalls köstlich. Wenn Sie die Wahl haben, sollten Sie ein **Exemplar aus dem Meer** nehmen. Meeräschen, die in Flussmündungen leben, schmecken manchmal modrig. Solche Fische müssen Sie in mit Zitronensaft versetztes Wasser einlegen. Die Meeräsche hat große Schuppen, die Sie entfernen müssen.

Meeräsche mit Haselnuss-Panade

Zubereitung:

1. Die Meeräsche filetieren, häuten und die Fischfilets unter fließendem, kaltem Wasser abwaschen und trocken tupfen. Die Fischfilets halbieren, mit dem Zitronensaft beträufeln, salzen und pfeffern.
2. Das Mehl und die Nüsse jeweils in einen flachen Teller geben und die Eier in einem tiefen Teller verquirlen.
3. Die Fischfilets zuerst in Mehl, dann in den Eiern und in den gehackten Haselnüssen wenden.
4. Die Filets in eine ausgebutterte Auflaufform legen und im Backofen bei 200° C, Gas Stufe 3–4, Umluft 180° C ca. 25 Minuten backen.
5. Die Fenchelknollen putzen, halbieren und in dünne Scheiben schneiden. Die Walnüsse grob zerkleinern. Die Orange und Zitrone waschen, die Schalen abreiben und beiseitestellen. Die Zitrone auspressen.
6. Die Äpfel waschen, vierteln, entkernen und in Scheiben schneiden. Die Banane schälen und in Scheiben schneiden. Die Apfel- und die Bananenscheiben mit etwas Zitronensaft beträufeln. Die Orange schälen, filetieren und in Stücke schneiden. Alle Früchte und den Fenchel gut vermischen.
7. In einer zweiten Schüssel die Salatsoße aus Kefir, Crème fraîche, dem restlichen Zitronensaft, Zitronen- und Orangenschale, Curry- und Paprikapulver, Zucker, Salz und Pfeffer herstellen. Über den Salat geben und leicht unterheben.
8. Die fertigen Fischfilets aus dem Ofen nehmen, mit dem Salat zusammen auf Tellern anrichten und servieren.

Meerbarbe

Zu den Meerbarben gehören die Rot- und die Streifenbarbe. Sie tummeln sich im **Nordostatlantik** und im **Mittelmeer**, seltener auch in der **Nordsee**. Meerbarben leben in **Schwärmen** am Meeresgrund von sandigen bis schlammigen Küsten in drei bis zehn Metern Tiefe. Die Haut der Meerbarbe ist **rot** mit **gelblichen Längsstreifen**. Am Kinn hat sie **zwei Bartfäden** mit Geschmacksporen. Damit spürt sie ihre Beute im schlammigen Boden auf. Sie wird maximal bis zu 40 cm lang und 2 kg schwer.

Meerbarben gehören zu den **feinsten Meeresfischen** überhaupt. Sie gelten als hervorragende Speisefische mit **magerem**, **festem Fleisch** und einem unverwechselbaren Geschmack. Sie haben große Schuppen und müssen daher auf jeden Fall geschuppt werden. Meerbarben verderben außerdem recht schnell. Kaufen Sie diesen Fisch deshalb möglichst **fangfrisch**.

Barbenterrine mit Mangold

Zubereitung:

1. Eine Terrinenform mit der Butter einfetten und in den Kühlschrank stellen. Das Barbenfilet häuten und in kleine Stücke schneiden. Im Mixer mit dem Ei, der Sahne und der Crème fraîche pürieren. Immer wieder kleine Eisstückchen dazugeben, damit die Masse nicht warm wird.

2. Die Masse durch ein Spitzsieb in eine Schüssel passieren, damit eventuell noch vorhandene Gräten entfernt werden können. Die Farce salzen und pfeffern und in den Kühlschrank stellen.

3. Die Mangoldblätter waschen und kurz in Salzwasser blanchieren. Herausnehmen, einzeln auslegen und abkühlen lassen.

4. Die Zwiebel schälen und fein hacken. Das Lachsfilet mit einem scharfen Messer sehr klein schneiden, mit der Zwiebel vermischen und mit Salz und Pfeffer abschmecken. Auf den nebeneinandergelegten Mangoldblättern verteilen und einwickeln.

5. Die Terrinenform mit einem Drittel der Farce füllen, die gefüllten Mangoldblätter darauflegen und die restliche Farce darüber verteilen.

6. Den Backofen auf 200° C, Gas Stufe 3–4, Umluft 180° C erhitzen und ein hohes Backblech halb mit heißem Wasser füllen. Die gefüllte Form mit Alufolie verschließen, auf das mit Wasser gefüllte Backblech setzen und ca. 30 Minuten garen.

7. Danach die Fischterrine im Backofen noch kurz ziehen lassen, herausnehmen und drei Stunden auskühlen lassen. Vorsichtig auf ein Brett stürzen, in Scheiben schneiden und servieren.

Zutaten:
für 4 Personen

- 20 g Butter
- 1 küchenfertiges Barbenfilet
- 1 Ei
- 250 ml süße Sahne
- 400 g Crème fraîche
- einige zerstoßene Eiswürfel
- 50 g Mangoldblätter
- 1 Zwiebel
- 200 g Lachsfilet
- Salz
- Pfeffer

Zutaten:

für 4 Personen

- 1 kg Miesmuscheln
- 4 Schalotten
- 2 Knoblauchzehen
- 1 unbehandelte Zitrone
- 250 g Staudensellerie
- 750 g Tomaten
- 350 g Zucchini
- 3 EL Olivenöl
- 250 ml Weißwein
- 1 EL Tomatenmark
- 100 ml süße Sahne
- 500 g Spaghetti
- 1 Bund Basilikum
- Salz
- Pfeffer

Miesmuschel

Die Miesmuschel ist ein **Weichtier** mit einer zweiteiligen Außenschale. Es gibt viele verschiedene Miesmuschelarten, die alle in Kolonien an Küstenfelsen wachsen. Man findet sie in den Küstenregionen der ganzen Welt, aber vor allem im **europäischen Atlantik** und in der **Ostsee**.

Miesmuscheln sind **länglich** mit einer **blau-schwarzen** Schale. Im Gegensatz zu anderen Muscheln haben sie **keinen Fuß**, um sich festzuhalten. Stattdessen produzieren sie **Haltefäden**, die so genannten Byssusfäden, mit denen sie sich an Pfähle und Steine heften. Sie erreichen eine Größe zwischen 6 und 11 cm.

Miesmuscheln sind sehr nahrhaft, wohlschmeckend und vielseitig und haben **süßes zartes Fleisch**. Die köstlichsten sind die europäischen Miesmuscheln, die in den Gewässern um die Niederlande herum gefangen werden. Heute stammen fast alle Miesmuscheln aus Züchtungen und sind daher schon sandfrei.

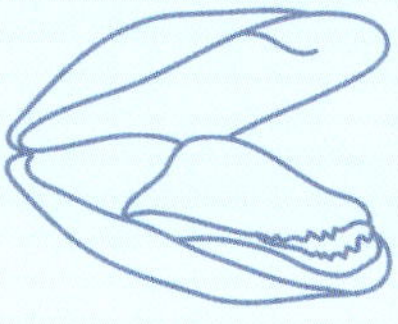

Spaghetti mit Miesmuschel-Tomatensoße

Zubereitung:

1. Die Muscheln wie im Ratgeberteil beschrieben waschen und putzen. Geöffnete Muscheln, die sich auch bei Berührung nicht mehr schließen, wegwerfen.
2. Die Schalotten und den Knoblauch schälen, die Schalotten vierteln, den Knoblauch würfeln. Die Zitrone waschen, die Schale abreiben und den Saft auspressen. Den Sellerie putzen, waschen und in Stücke schneiden.
3. Die Tomaten waschen, den Stielansatz herausschneiden, mit kochendem Wasser überbrühen und häuten. Die Zucchini waschen, schadhafte Stellen herausschneiden und der Länge nach in feine Streifen schneiden.
4. Einen Esslöffel von dem Öl erhitzen und die Schalotten, den Knoblauch sowie die Hälfte des Staudenselleries darin andünsten. Das Ganze mit dem Weißwein ablöschen und mit Salz und Pfeffer würzen.
5. Die Muscheln hinzufügen und im Weinsud ca. fünf Minuten dünsten, bis sie sich geöffnet haben. Dann die Muscheln abgießen, abtropfen lassen und den Sud dabei auffangen. Das Muschelfleisch aus zwei Dritteln der Muscheln herauslösen.
6. Das Spaghettiwasser aufsetzen. Für die Tomatensoße das restliche Öl erhitzen, darin den restlichen Staudensellerie sowie die Tomaten andünsten und mit dem Wein-Muschelsud ablöschen.
7. Das Tomatenmark, Zitronensaft und -schale sowie die Sahne hinzufügen und unter gelegentlichem Rühren ca. zehn Minuten dünsten. Nach sieben Minuten die Zucchinistreifen dazugeben und mitkochen.
8. Inzwischen die Spaghetti nach Packungsanweisung zubereiten, abschütten und abtropfen lassen. Das Basilikum waschen, trocken schütteln, einige Blättchen zum Garnieren beiseitelegen und die restlichen Blätter fein schneiden.
9. Das ausgelöste Muschelfleisch, die Muscheln mit Schale sowie das geschnittene Basilikum zur Tomatensoße geben. Mit den Spaghetti mischen, auf Tellern anrichten und mit Basilikumblättchen garnieren.

Fischpaella

Zubereitung:

1. Die Paprikaschoten halbieren, entkernen, waschen und in Stücke schneiden. Die Zwiebeln und den Knoblauch schälen und würfeln.

2. Die Miesmuscheln wie im Ratgeberteil beschrieben gründlich waschen. Die Garnelen und Fischfilets unter kaltem, fließendem Wasser abwaschen und trocken tupfen, die Fischfilets in mundgerechte Stücke teilen.

3. Das Öl in einer Paellapfanne erhitzen. Zuerst die Garnelen anbraten, bis sie eine schöne rote Farbe angenommen haben. Die Garnelen aus der Pfanne nehmen und die Muscheln anbraten, bis sie sich geöffnet haben. Dann die Muscheln aus der Pfanne nehmen und mit den Garnelen beiseitestellen.

4. Die Zwiebeln und den Knoblauch in dem verbliebenen Öl glasig dünsten. Den Reis hinzufügen und mit dem Fischfond und dem Wein ablöschen. Safran, Salz und Pfeffer dazugeben und einmal aufkochen.

5. Die Paellapfanne in den auf 200° C, Gas Stufe 3–4, Umluft 180° C gut vorgeheizten Backofen schieben und ca. 15 bis 20 Minuten im Ofen schmoren lassen.

6. Danach die Pfanne aus dem Ofen nehmen und die Paprikastücke, Garnelen, Muscheln, Erbsen und Fischfilets zum Reis in die Pfanne geben. Die Paellapfanne mit einem Deckel oder etwas Alufolie abdecken und im vorgeheizten Backofen weitere 12 bis 15 Minuten garen.

7. Die fertige Fischpaella auf Tellern verteilen und servieren.

Zutaten:
für 4 Personen

je 1 gelbe und rote Paprikaschote
2 große Zwiebeln (200 g)
4 Knoblauchzehen
250 g Miesmuscheln
300 g rohe Riesengarnelen
500 g Fischfilet, z. B. Viktoriasee-Barsch-Filet und Wolfsbarschfilet
4 EL Olivenöl
250 g spanischer Paellareis
500 ml Fischfond (Glas)
200 ml Weißwein
1 Dose Safran
200 g tiefgekühlte Erbsen
Salz
Pfeffer

Pochierter Sankt Petersfisch auf Frühlingssalat

Zutaten:

für 4 Personen

50 g Cashewnüsse
250 g Karotten
1 Bund Frühlingszwiebeln
1 Bund Koriander
2 Knoblauchzehen
600 g Sankt Petersfischfilet
125 ml Fischfond
5 EL Sojasoße
50 ml Reiswein
125 ml süße Chilisoße
1 unbehandelte Limette
20 g Ingwer
1 EL Sesamöl
200 g gemischter Salat, z. B. Lollo biondo, Brunnenkresse, Bärlauch
3 EL Distelöl
Saft einer Orange
Saft einer Zitrone
2 TL Honig
Salz
Pfeffer
1 Schale Löwenmäulchen zum Garnieren

Zubereitung:

1. Die Cashewnüsse in einer beschichteten Pfanne goldbraun rösten und beiseitestellen. Die Karotten waschen, schälen und mit dem Sparschäler in feine, längliche Streifen schneiden.

2. Die Frühlingszwiebeln putzen, waschen und längs in Streifen schneiden. Den Koriander waschen, trocken schütteln und grob schneiden. Den Knoblauch schälen und fein würfeln.

3. Das Fischfilet unter kaltem, fließendem Wasser abwaschen, trocken tupfen und in vier Portionen schneiden.

4. Die Karotten und Zwiebeln eine Minute in kochendem Wasser blanchieren und kalt abschrecken. Die Fischstücke mit dem Gemüse umwickeln. Den Fischfond, zwei Esslöffel von der Sojasoße, Knoblauch, Reiswein und zwei Esslöffel der süßen Chilisoße in einen Topf geben und kurz aufkochen.

5. Inzwischen die Limette waschen, die Schale abreiben und den Saft auspressen. Den Ingwer schälen und sehr fein hacken. Die restliche Chili- und Sojasoße, Limettenschale, -saft, Ingwer, Sesamöl und die Hälfte des Korianders zu einer Soße verrühren.

6. Den Salat putzen, waschen und abtropfen lassen. Das Distelöl, den Orangen- und Zitronensaft, Salz, Pfeffer und Honig für das Dressing verrühren. Den Fisch-Gewürzfond aufkochen, den Fisch darin drei Minuten pochieren und die Filets mit dem restlichen Koriander bestreuen.

7. Inzwischen den Salat mit dem Dressing mischen, auf Portionstellern verteilen und nach Belieben mit Löwenmäulchen dekorieren. Die pochierten Fischfilets auf dem Salat anrichten, mit den Cashewnüssen bestreuen und die angerührte Chilisoße dazu servieren.

Sankt Petersfisch

Der Petersfisch hat seinen Lebensraum im **Atlantik**. Eine Legende besagt, dass der große **schwarze Fleck** an seinen Flanken ein Fingerabdruck des Apostels Petrus sei. Sein **diskusförmiger Körper** ist sehr dünn, sodass er wie ein aufrecht schwimmender Plattfisch wirkt.

Er hat eine **olivbraune** Haut, ein ausdrucksstarkes großes Gesicht mit einem **schrägen Maul** und lange fahnenartige Flossen, die mit **Stacheln** bewehrt sind.

Er verfügt über festes, **weißes** und **mageres Fleisch** mit einem frischen Aroma, wodurch er sich mit dem Fleisch der Seezunge und des Steinbutts messen kann. Allerdings ist er im Verhältnis eher teuer, da durch seinen großen Kopf viel Abfall anfällt.

Red Snapper auf jungem Spinat

Zutaten:

für 4 Personen

40 g Ingwer
2 Knoblauchzehen
1 Zwiebel
750 g junger Spinat
1 Chilischote
6 EL Sojasoße
1–2 EL Honig
Saft und Schale einer unbehandelten Limette
2 EL Öl
600 g Red-Snapper-Filet
2 TL schwarzer Sesam
Salz

Zubereitung:

1. Den Ingwer, den Knoblauch sowie die Zwiebel schälen und fein würfeln. Den Spinat putzen und waschen. Die Chilischote waschen, entkernen und fein hacken.

2. Die Sojasoße, den Honig, die abgeriebene Limettenschale, den Limettensaft und die gehackte Chilischote miteinander verrühren.

3. Einen Esslöffel von dem Öl erhitzen, die Hälfte des Knoblauchs und Ingwers sowie die Zwiebelwürfel darin glasig dünsten. Den Spinat zufügen und darin drei bis vier Minuten dünsten.

4. Inzwischen das Snapperfilet unter kaltem, fließendem Wasser abwaschen, trocken tupfen und in vier Portionsstücke teilen.

5. Das restliche Öl erhitzen, das Fischfilet salzen und im heißen Öl zusammen mit dem restlichen Ingwer und Knoblauch rundherum ca. fünf Minuten braten.

6. Die Fischfilets mit dem Sesam bestreuen und anschließend mit der Soja-Honigsoße beträufeln.

7. Den Spinat auf vier Tellern verteilen und jeweils ein Fischfilet darauf anrichten. Dazu schmeckt Basmatireis.

Red Snapper/Roter Schnapper

Der Rote Schnapper ist ein in **Amerika** sehr beliebter Fisch, der vor allem in **Riffregionen** des **indopazifischen** Raums und der **Karibik** vorkommt. Er ist der bekannteste Fisch in der großen **Raubfischfamilie** der Schnapper, die ca. 180 Arten umfasst.

Der Rote Schnapper ist gekennzeichnet durch seine **glänzend rote** Färbung. Er hat einen **dreieckigen Kopf** und ein tief **gespaltenes Maul**, mit dem er auch größere Beute problemlos aufnehmen kann. Seinen Namen trägt er, weil er seine Beute durch plötzliches Zupacken bekommt.

Oft werden günstigere Schnapperarten im Handel als Roter Schnapper angeboten. Erkennen können Sie den echten Roten Schnapper an seinen **roten Augen**. Er zeichnet sich durch festes, **trockenes**, **weißes Fleisch** mit wenigen großen Gräten aus.

Regenbogenforelle in Zitronenbutter

Zutaten:
für 4 Personen

4 küchenfertige Regenbogenforellen
1½ TL Ostmann Rosa Beeren, gefriergetrocknet
1 TL Ostmann Bratfisch-Würzer
1 Stück Sellerie (ca. 150 g)
2 Karotten
1 Stange Lauch
100 g weiche Butter
Saft und abgeriebene Schale einer halben unbehandelten Zitrone
3 TL Ostmann Kräuter-Jodsalz
2 TL Ostmann Gartenkräuter, gefriergetrocknet

Zubereitung:

1. Den Backofen auf 200° C, Gas Stufe 3–4, Umluft 180° C vorheizen. Die Forellen gründlich von innen und außen unter kaltem, fließendem Wasser abwaschen und trocken tupfen.
2. Einen Teelöffel der Rosa Beeren zerdrücken, mit dem Bratfisch-Würzer mischen und die Forellen von innen mit der Gewürzmischung ausstreuen.
3. Den Sellerie und die Karotten schälen, den Lauch putzen und waschen und alles in Streifen bzw. Ringe schneiden.
4. Etwas Butter mit dem Zitronensaft und der Zitronenschale sowie einem Teelöffel des Kräuter-Jodsalzes und einem halben Teelöffel Rosa Beeren verrühren.
5. Zwei Teelöffel von der Butter in einer Pfanne erhitzen, das Gemüse darin andünsten und mit dem restlichen Kräuter-Jodsalz sowie den gefriergetrockneten Gartenkräutern würzen.
6. Das Gemüse auf vier Alufolienstücken verteilen, die Forellen darauflegen und mit der restlichen Butter in Flöckchen belegen.
7. Die Alufolie über den Forellen verschließen und diese im vorgeheizten Backofen ca. 20 bis 30 Minuten garen.
8. Die fertigen Forellen mit dem Gemüse auf Tellern verteilen und mit der Zitronenbutter servieren. Dazu können Sie frisches Baguette reichen.

Regenbogenforelle

Die Regenbogenforelle ist ein **Raubfisch**, der in kleineren Schwärmen im Süßwasser lebt. Ursprünglich war sie nur an der **Pazifikküste Nordamerikas** verbreitet. 1882 wurde sie dann auch bei uns angesiedelt. Sie ist ein optimaler Zuchtfisch und wird daher bei uns intensiv gezüchtet.

Regenbogenforellen sehen der Bachforelle sehr ähnlich. Die auffälligsten Unterschiede sind vor allem die breite, **metallisch leuchtende**, **rote Zone** entlang der Körpermitte und die **dunklen Flecken auf Kopf**, Körper und Flossen. Regenbogenforellen werden zwischen 35 und 50 cm lang und maximal 5 kg schwer.

Das Fleisch der Regenbogenforelle ist wohlschmeckend und **zart**. Der Fisch wird als Speisefisch sehr geschätzt, weil er **mager** und **grätenarm** ist.

Gebratenes Rotbarschfilet im Speck-Kräutermantel

Zutaten:

für 4 Personen

600 g Rotbarschfilet
1 kleiner Bund glatte Petersilie
80 g hauchdünne Baconscheiben
1 kg Lauch
40 g Butterschmalz
400 ml Gemüsefond
150 ml süße Sahne
4–5 EL körniger Senf
1 Prise Zucker
Salz
Pfeffer

Zubereitung:

1. Das Rotbarschfilet unter kaltem, fließendem Wasser abwaschen, trocken tupfen und in vier Stücke teilen.

2. Die Petersilie waschen, trocken schütteln und von den Stielen zupfen. Die Hälfte der Petersilie auf die Fischfiletstücke geben und diese mit den Baconstreifen umwickeln. Die restliche Petersilie fein schneiden.

3. Den Lauch putzen, waschen, längs halbieren und in 4 cm lange Stücke schneiden. Die Lauchstücke in 20 g von dem Butterschmalz andünsten und mit dem Gemüsefond ablöschen.

4. Das Ganze ca. drei bis vier Minuten weiterdünsten. Dann die Sahne und den Senf hinzufügen, mit Zucker, Salz und Pfeffer abschmecken und den Lauch zugedeckt beiseitestellen.

5. Das restliche Butterschmalz in einer beschichteten Pfanne erhitzen. Die Fischfiletstücke darin rundherum ca. fünf bis sechs Minuten braten.

6. Die Fischfilets mit dem Lauchgemüse auf Tellern anrichten. Dazu passt Kartoffelpüree, das mit der restlichen Petersilie vermischt und dazu serviert wird.

Rotbarsch

Der Rotbarsch ist ein **Knochenfisch**, der in Schwärmen in bis zu 1000 Metern Tiefe lebt. Bemerkenswert ist vor allem, dass die weiblichen Fische **lebende Jungtiere** zur Welt bringen. Rotbarsche tummeln sich hauptsächlich im **Nordatlantik.**

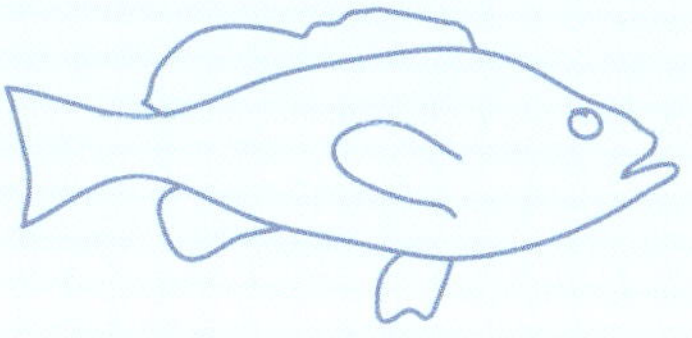

Rotbarsche erreichen eine durchschnittliche Länge von ca. 40 cm. Dieser Fisch wächst verhältnismäßig langsam, kann dafür aber auch bis zu 50 Jahre alt werden. Seine auffällige Färbung in **leuchtendem Rot** ist auf dem Rücken durchzogen von **dunklen Marmorierungen.** An den Rückseiten seiner Flossen hat er zugespitzte **Dornen**.

Der Rotbarsch hat **festes**, **rotweißes Fleisch**, das nur **wenig Fett** enthält.

Rotbarschfilet auf Gemüse in leichtem Senfsud

Zubereitung:

1. Das Fischfilet unter kaltem, fließendem Wasser abwaschen, trocken tupfen und in Portionsstücke schneiden.

2. Die Kartoffeln waschen, schälen und würfeln. Das Suppengrün putzen, waschen und in Stücke schneiden.

3. Das Suppengrün und die Kartoffelwürfel in der heißen Butter andünsten und mit dem Hummer- oder Fischfond ablöschen.

4. Den Senf, Salz und Pfeffer hinzufügen und alles acht Minuten dünsten. Anschließend die Fischfilets auf das Gemüse geben und das Ganze zugedeckt weitere fünf Minuten dünsten.

5. Den Kerbel waschen, trocken schütteln, fein schneiden und zwei Drittel zusammen mit der Sahne hinzufügen.

6. Alles mit Pfeffer und Salz abschmecken, das Gemüse mit dem Fisch auf Tellern anrichten und mit dem restlichen Kerbel garnieren.

Zutaten:

für 4 Personen

600 g Rotbarschfilet
500 g Kartoffeln
1 großer Bund Suppengrün
30 g Butter
1 Glas Hummer- oder Fischfond (400 ml)
3 EL Senf
1 Bund Kerbel
100 ml süße Sahne
Salz
Pfeffer

Gefüllter Saibling in Basilikum-Butter

Zutaten:

für 4 Personen

4 küchenfertige Saiblinge
Butter für die Form
1 Zwiebel
1 große Karotte
1 Staudensellerie
1 Bund glatte Petersilie
50 g Butter
2 EL Semmelbrösel
1 Eigelb
50 ml Weißwein
1 Bund Basilikum
Salz
schwarzer Pfeffer

Zubereitung:

1. Die Saiblinge unter fließendem, kaltem Wasser außen und innen abwaschen, trocken tupfen und mit Salz und Pfeffer bestreuen. Eine passende Auflaufform mit Butter einfetten. Die Fische mit den offenen Bäuchen nach oben dicht nebeneinander hineinsetzen.

2. Die Zwiebel und die Karotte schälen. Die Zwiebel fein würfeln und die Karotte fein raspeln. Den Staudensellerie waschen, grobe Teile und große Blätter abschneiden. Die Selleriestangen würfeln und die zarten Blättchen klein schneiden. Die Petersilie waschen, trocken schütteln und fein hacken.

3. Den Backofen auf 200° C, Gas Stufe 3–4, Umluft 180° C vorheizen. 20 g Butter in einer Pfanne erhitzen. Das Gemüse anbraten, 4 EL Wasser hinzufügen und bei mittlerer Hitze zugedeckt sechs bis sieben Minuten dünsten, bis es fast weich ist.

4. Das Gemüse kräftig mit Salz und Pfeffer würzen und mit der Petersilie in eine Schüssel geben. Die Semmelbrösel und das Eigelb untermischen. Die Fische mit der Gemüsemischung füllen. Dann mit Wein und 50 ml Wasser angießen.

5. Die Fische auf der mittleren Schiene im Backofen 25 Minuten garen. Die Basilikumblättchen abzupfen. Die restliche Butter in einem kleinen Topf zum Schäumen bringen und das Basilikum darin schwenken.

6. Die gefüllten Fische auf vorgewärmte Teller legen, mit etwas Basilikum-Butter begießen und servieren. Dazu schmecken Salzkartoffeln.

Saibling

Der Saibling ist ein forellenähnlicher **Süßwasserfisch**, gehört aber zu den Lachsfischen. Manche Arten leben auch in den **kalten Meeren der Nordhalbkugel**, ziehen dann jedoch als Wanderfische zum Ablaichen in **Kaltwasserseen**. Der hier zu Lande wohl bekannteste Saibling ist der Bachsaibling.

Der Saibling ist stromlinienförmig und hat eine **silbergrüne Haut** mit **rosafarbenem Bauch**. Im Durchschnitt erreicht er eine Länge von bis zu 80 cm und ein Gewicht von bis zu 10 kg.

Sein **weißes Fleisch** ist **fest** und hat ein wunderbares Aroma, wodurch der Saibling als hervorragender Speisefisch gilt.

Überbackenes Schellfischfilet mit Kräuterkruste

Zutaten:

für 4 Personen

600 g Schellfischfilet
1 Zitrone
1 Bund glatte Petersilie
1 Knoblauchzehe
60 g Cashewnüsse
30 g Cornflakes
1 Ei
30 g sehr weiche Butter oder Margarine
1 rote Paprikaschote
150 g Karotten
20 g Butter oder Margarine
200 g tiefgefrorene Erbsen
250 g Couscous
Curry
Salz
Pfeffer

Zubereitung:

1. Den Backofen auf 200° C, Gas Stufe 3–4, Umluft 180° C vorheizen. Das Fischfilet unter kaltem, fließendem Wasser abwaschen, trocken tupfen und in vier Portionen schneiden.

2. Die Zitrone waschen, trocken reiben und den Saft auspressen. Das Fischfilet mit dem Zitronensaft beträufeln und mit etwas Salz bestreuen.

3. Die Petersilie waschen, trocken schütteln und fein schneiden. Den Knoblauch schälen und fein würfeln. Die Cashewnüsse hacken und die Cornflakes grob zerbröseln.

4. Die Petersilie, den Knoblauch, die Nüsse und die Cornflakes mit dem Ei, dem sehr weichen Fett sowie mit etwas Salz und Pfeffer in eine Schüssel geben und mischen.

5. Die fertige Masse auf den Fisch geben und diesen im vorgeheizten Backofen je nach Dicke des Fischfilets ca. 20 bis 25 Minuten überbacken.

6. Inzwischen die Paprikaschote halbieren, entkernen, waschen und würfeln. Die Karotten schälen und in Stücke schneiden.

7. Die Karotten mit der Butter bzw. der Margarine in einen Topf geben und mit etwas leicht gesalzenem Wasser fünf Minuten dünsten. Die Erbsen und Paprikawürfel hinzufügen und weitere drei bis vier Minuten dünsten.

8. Den Couscous nach Packungsanweisung zubereiten, mit dem Gemüse mischen, nach Belieben mit Curry abschmecken und zum Fischfilet servieren.

Schellfisch

Der Schellfisch ist ein Verwandter des Kabeljaus, ist jedoch ein in **Schwärmen** lebender „Friedfisch“, der sich gerne in Bodennähe aufhält. Die meisten Schellfische findet man in der **Nord- und Ostsee**, in der **Barentssee** und an der **isländischen Süd- und Ostküste.**

Er unterscheidet sich vom Kabeljau hauptsächlich durch einen **großen schwarzen Fleck** über der Brustflosse, der wie beim Sankt Petersfisch auch „Daumenabdruck des hl. Petrus“ genannt wird. Er wird bis zu 1 m lang und 15 kg schwer.

Schellfische sind ebenso gute Speisefische wie ihr Verwandter, der Kabeljau. Ihr **leicht blättriges Fleisch** wird von Feinschmeckern geschätzt. Außerdem sind sie **mager** und enthalten viel wertvolles **Jod**. Beim Einkauf sollten Sie darauf achten, dass das Fischfleisch auf Druck nicht nachgibt.

Orangen-Schellfisch auf roten Zwiebeln

Zutaten:

für 4 Personen

600 g kleine rote Zwiebeln
75 g kandierter Ingwer
1 Vanilleschote
200 ml Rotwein
2 EL Honig
800 g Schellfischfilet
150 g Kumquats
1 Chilischote
2 Orangen
40 g Butter
Salz

Zubereitung:

1. Die Zwiebeln schälen und halbieren, den Ingwer fein würfeln und aus der Vanilleschote das Mark herauskratzen.
2. Die Zwiebeln in einen Topf geben. Den Rotwein, die Ingwerwürfel, Honig, Vanillemark, Vanilleschote und einen kleinen gestrichenen Teelöffel Salz hinzufügen. Alles zusammen aufkochen und unter gelegentlichem Rühren ca. 10 Minuten dünsten.
3. Das Schellfischfilet unter kaltem, fließendem Wasser abwaschen, trocken tupfen und in vier Portionstücke schneiden.
4. Die Kumquats waschen und in hauchdünne Scheiben schneiden. Die Chilischote waschen, die Kerne herauslösen und die Schote sehr fein hacken. Die Orangen waschen, trocken reiben und auspressen.
5. Die Butter erhitzen, Chilischote und Kumquats hinzufügen, kurz dünsten und mit dem Orangensaft ablöschen.
6. Die Schellfischfilets in den Topf geben und alles zugedeckt ca. fünf bis sechs Minuten dünsten.
7. Den fertigen Fisch mit den Zwiebeln auf die Teller verteilen und servieren. Dazu schmeckt Kartoffelschnee.

Tipp:
Falls Sie keine Kumquats bekommen, können Sie stattdessen auch eine unbehandelte Orange verwenden und diese nach gründlichem Waschen und Trockenreiben zusammen mit der Schale in feine Stücke bzw. Scheiben schneiden.

Schollenfiletröllchen in Garnelensoße

Zutaten:

für 4 Personen

1 Zwiebel
1 Knoblauchzehe
2 EL Butter
1–2 EL Mehl
360 ml Hühnerbrühe
50 ml trockener Weißwein
½ Bund Petersilie
Rosa Beeren, gemahlen
2 EL Zitronensaft
75 ml süße Sahne
90 g gegarte, geschälte Garnelen ohne Kopf
4 Schollenfilets à ca. 120 g
Fett für die Form
200 g USA-Wildreis-Mischung (Wildreis und Langkornreis)
200 g Zuckerschoten
Salz
Pfeffer

Zubereitung:

1. Die Zwiebel und den Knoblauch schälen, fein hacken und in der heißen Butter glasig andünsten. Das Mehl hinzufügen, anschwitzen und das Ganze mit der Brühe und dem Wein ablöschen. Den Backofen auf 180° C, Gas Stufe 2–3, Umluft 160° C vorheizen.

2. Die Petersilie waschen, trocken schütteln und hacken. Bis auf einen Esslöffel die gesamte Petersilie in die Soße geben, mit Rosa Beeren und Zitronensaft würzen und die Sahne sowie die Garnelen unterrühren.

3. Die Schollenfilets unter kaltem, fließendem Wasser abwaschen, trocken tupfen und längs halbieren. Dann die Fischfilets mit Salz und Pfeffer würzen, aufrollen und mit Zahnstochern feststecken.

4. Die Fischröllchen in eine gefettete Auflaufform setzen, die heiße Garnelensoße darübergießen und das Ganze im vorgeheizten Backofen ca. 20 Minuten garen.

5. Die Reismischung in 400 ml kochendes Salzwasser geben und zugedeckt bei schwacher Hitze ca. 20 Minuten garen, bis der Reis die Flüssigkeit aufgenommen hat.

6. Die Zuckerschoten waschen, putzen und in kochendem Salzwasser zwei bis drei Minuten bissfest garen.

7. Den Reis und die Zuckerschoten mit den Schollenröllchen und der Soße auf Tellern anrichten und mit ein paar Rosa Beeren sowie der restlichen Petersilie bestreuen.

Scholle

Das Vorkommen der Scholle erstreckt sich über fast alle europäischen Küsten: in der **Nord-, Ost- und Barentssee**, **im Atlantik** und im **Mittelmeer**. An der Ostsee nennt man sie auch Goldbutt. Der Plattfisch lebt in **Schwärmen** über Sand- und Schlickgrund und geht meist nachts auf Nahrungssuche.

Die **rötlich gesprenkelten** Fische können bis zu 50 Jahre alt und 90 cm lang werden. Schollen sollte man **fangfrisch verzehren**, weil ihr frischer Geschmack sich schnell verflüchtigt. Dass sie frisch sind, erkennen Sie daran, dass ihre **rot-orangefarbenen Tupfen** hell leuchten.

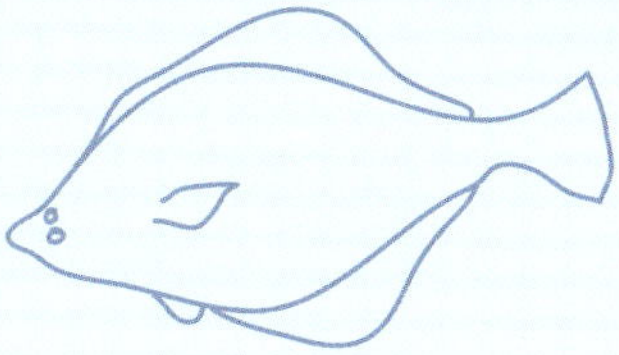

Zutaten:
für 4 Personen

4 Schwertfischsteaks à ca. 220 g
3 unbehandelte Limetten
3 EL Olivenöl
1 rote Chilischote
3 Bund Frühlingszwiebeln
100 g MEGGLE Kräuter-Butter original
Salz

Schwertfisch

Der Schwertfisch ist ein **Schwarm- und Wanderfisch**, der sich in den warmen und mäßig **warmen Meeren** wohlfühlt. Man kennt ihn sowohl als Beute von Sportanglern als auch als kulinarische Delikatesse.

Sein „**Schwert**" nimmt ein Drittel seiner Körperlänge ein, die bis zu 4,5 m betragen kann. Ob er das Schwert zum Töten seiner Beute verwendet, ist bis heute nicht geklärt. Schwertfische können ein Gewicht von bis zu 600 kg erreichen.

Vor allem in Europa und den USA ist er sehr beliebt, weil er sich wunderbar **zum Grillen eignet**. Er hat sehr wohlschmeckendes **weißes Fleisch**, das einen **geringen Fettanteil** aufweist. Daher muss man ihn ganz vorsichtig garen, um das Fleisch nicht auszutrocknen.

Schwertfischsteak mit Kräuterbutter und Limetten

Zubereitung:

1. Die Schwertfischsteaks unter kaltem, fließendem Wasser abwaschen und trocken tupfen.
2. Die Limetten waschen und trocken reiben. Die Schale von einer halben Limette abreiben, den Saft auspressen und beides mit dem Olivenöl verrühren. Die zweite Hälfte zusammen mit den restlichen Limetten in dünne Scheiben schneiden.
3. Die Chilischote der Länge nach halbieren, die Kerne entfernen, die Chili fein hacken und mit der Marinade mischen.
4. Die Schwertfischsteaks in einer flachen Schüssel mit der Marinade eine halbe Stunde ziehen lassen. Die Steaks dabei abdecken, aber nicht kühl stellen, damit der Schwertfisch Raumtemperatur annehmen kann.
5. In der Zwischenzeit die Frühlingszwiebeln putzen, die dunkelgrünen Teile in feine Ringe schneiden, die hellen Teile zum Grillen beiseitelegen und die dickeren Zwiebeln der Länge nach halbieren.
6. Etwas Kräuterbutter in einem kleinen Metallschüsselchen auf dem Grill zerlassen. Die Schwertfischsteaks und die Frühlingszwiebeln auf den Grill legen und nach fünf bis sechs Minuten mithilfe eines Backpinsels mit der Kräuterbutter bestreichen.
7. Den Fisch und das Gemüse wenden, erneut mit der Kräuterbutter bestreichen und fünf bis sechs Minuten fertig grillen.
8. Den Fisch und das Gemüse salzen und auf Tellern anrichten. Den Fisch mit Kräuterbutterscheiben belegen, mit den dunkelgrünen Zwiebelringen bestreuen und mit den Limettenscheiben servieren. Dazu passt Baguettebrot.

Seelachs/Köhler

Der Seelachs oder Köhler ist trotz seines Namens nicht mit dem Lachs verwandt, sondern mit dem Kabeljau. Deswegen kann er auch bei allen Rezepten mit Kabeljau oder Schellfisch als günstigerer Ersatz genommen werden. Er gehört zu den beliebtesten Speisefischen in Deutschland.

Seelachse halten sich bevorzugt in **kalten, gemäßigten Meeresregionen** auf. Die gefräßigen **Raubfische** leben in großen **Schwärmen** und werden bis zu 25 Jahre alt. Ihr lang gestreckter Körper ist auf dem **Rücken dunkel gefärbt** und hellt sich bis zum Bauch immer weiter auf.

Der Seelachs hat **mageres, braungraues Fleisch**, das viel **Jod** enthält. Er wird bis zu 70 cm lang und bis zu 30 kg schwer. Verwenden Sie ihn nur **sehr frisch**, denn sein Geruch wird bei längerer Lagerung schnell unangenehm. **Übrigens:** Was landläufig als „Lachsersatz" bezeichnet wird, sind in Wahrheit geräucherte Seelachsscheiben oder -schnitzel in Öl!

Kräuter-Seelachs in Pergament

Zubereitung:

1. Den Backofen auf 180° C, Gas Stufe 2–3, Umluft 160° C vorheizen. Die Paprikaschoten halbieren, entkernen, waschen und in Streifen schneiden. Die Zwiebeln schälen und in Spalten schneiden.
2. Die Zwiebelspalten in zwei Esslöffeln von dem Öl andünsten, die Paprikastreifen hinzufügen, weitere drei Minuten dünsten, salzen und pfeffern.
3. Die Kräuter waschen, trocken schütteln und die Blättchen von den Stielen abzupfen. Den Knoblauch schälen und die Mandeln in einer Pfanne goldbraun rösten.
4. Die Kräuter, den Knoblauch und die gerösteten Mandeln mit dem restlichen Olivenöl pürieren und mit Salz und Pfeffer abschmecken.
5. Die Fischfilets unter kaltem, fließendem Wasser abwaschen, trocken tupfen und die Kräuterpaste daraufstreichen.
6. Das Gemüse auf vier Pergamentpapierstücke verteilen und jeweils ein Fischfilet daraufsetzen.
7. Die Pergamentpapierstücke auf beiden Seiten mit Küchengarn gut verschließen, auf ein Backblech setzen und den Fisch im vorgeheizten Backofen ca. 15 Minuten garen.
8. Die fertigen Filets mit dem Gemüse auf Tellern anrichten und servieren. Dazu schmecken kleine Röstkartoffeln.

Zutaten:

für 4 Personen

je 1 rote, gelbe und orangefarbene Paprikaschote
2 rote Zwiebeln
7 EL Olivenöl
1 Bund glatte Petersilie
1 Bund Basilikum
1 Knoblauchzehe
50 g gehackte Mandeln
4 Seelachsfilets à 125 g
Salz
Pfeffer aus der Mühle

Zutaten:
für 4 Personen

4 Seelachsfilets à 125 g
1 unbehandelte Zitrone
1 Knoblauchzehe
8 EL Olivenöl mit Limone
8 Stängel Zitronengras
2 Bund Radieschen
75 g Rucola
1 TL Honig
Salz
weißer Pfeffer aus der Mühle

Seelachsspieße mit Radieschen-Rucola-Tatar

Zubereitung:

1. Die Seelachsfilets unter kaltem, fließendem Wasser abwaschen, trocken tupfen und längs halbieren.

2. Die Zitrone waschen, trocken reiben, die Schale abreiben und die Zitrone auspressen. Den Knoblauch schälen und durchpressen.

3. Zwei Esslöffel von dem Olivenöl mit der Zitronenschale, einem Esslöffel Zitronensaft und dem Knoblauch verrühren. Die Seelachsfiletstreifen damit bestreichen.

4. Von den Zitronengrasstängeln die äußeren Blätter entfernen und die Stängel mit einem scharfen Messer anspitzen. Jeweils einen Fischfiletstreifen wellenförmig daraufstecken und mit Salz und Pfeffer würzen.

5. Die Radieschen putzen, waschen und in kleine Würfel schneiden. Den Rucola putzen, waschen, gut abtropfen lassen und fein hacken.

6. Fünf Esslöffel von dem Öl mit dem Honig sowie dem restlichen Zitronensaft verrühren und mit Salz und Pfeffer abschmecken. Die Radieschen und den gehackten Rucola gleichmäßig mit der Marinade mischen.

7. Die Fischspießchen salzen und pfeffern und in einer beschichteten Pfanne im restlichen Öl von jeder Seite ca. zwei Minuten braten. Die Spieße mit dem Tatar auf Tellern anrichten und servieren.

Lauch-Seelachs-Roulade

Zutaten:

für 4 Personen

1 große Stange Lauch
500 g Seelachsfilet
75 g getrocknete Tomaten in Öl
50 g schwarze Oliven ohne Stein
1 Bund glatte Petersilie
2 EL kleine Kapern
abgeriebene Schale einer unbehandelten Zitrone
2 EL Olivenöl
Salz
Pfeffer
etwas Basilikum zum Garnieren

Zubereitung:

1. Den Backofen auf 200° C, Gas Stufe 3–4, Umluft 180° C vorheizen.

2. Von dem Lauch die einzelnen Blätter ablösen, waschen, in reichlich kochendem Salzwasser ca. zwei Minuten blanchieren, kalt abschrecken und gut abtropfen lassen. Die Blätter leicht überlappend nebeneinander auf ein Küchentuch legen.

3. Das Fischfilet unter kaltem, fließendem Wasser abwaschen, trocken tupfen und mit einem scharfen Messer schräg in dünne Scheiben schneiden. Die Fischscheiben so auf der „Lauchplatte“ verteilen, dass außen ein Rand von ca. 2 cm frei bleibt. Den Fisch leicht salzen und pfeffern.

4. Die Tomaten und Oliven in kleine Würfel schneiden. Die Petersilie waschen, trocken schütteln und fein hacken.

5. Tomaten, Oliven, Petersilie, Kapern und Zitronenschale mischen und auf dem Fisch verteilen. Mithilfe des Küchentuches alles zu einer festen Roulade aufrollen und die Enden umklappen.

6. Die Lauchrolle in eine mit dem Olivenöl bestrichene Alufolie wickeln und im vorgeheizten Backofen ca. 30 Minuten garen.

7. Die Rolle aus der Folie nehmen, mit einem scharfen Messer in Scheiben schneiden und mit ein paar Basilikumblättchen garnieren. Dazu reichen Sie am besten eine Tomatensoße und Baguettebrot.

Zutaten:

für 4 Personen

1 Wirsingkopf (ca. 800 g)
2 kleine Zwiebeln
1 EL Butter
300 ml süße Sahne
1 Bund Schnittlauch
300 g Pfifferlinge
4 dicke Seelachsfilets à 200 g
700 g festkochende Kartoffeln
2 EL Estragonsenf
2 EL Rapsöl
1 EL Butterschmalz
Muskatnuss
Salz
weißer Pfeffer

Seelachsfilet mit Senf-Kartoffelkruste auf Rahmwirsing

Zubereitung:

1. Die äußeren Wirsingblätter entfernen, den Wirsing vierteln, vom Strunk befreien und klein schneiden. Die Wirsingstücke in reichlich kochendem Salzwasser kurz überbrühen und abtropfen lassen.

2. Die Zwiebeln schälen, in Streifen schneiden und in der heißen Butter anschwitzen. Anschließend den Wirsing hinzufügen und mit anschwitzen.

3. 200 ml von der Sahne hinzufügen und sämig einkochen. Den Schnittlauch waschen, trocken schütteln und fein schneiden. Die Pilze abbürsten und schlechte Stellen abschneiden.

4. Die Seelachsfilets unter kaltem, fließendem Wasser abwaschen, trocken tupfen, salzen und pfeffern. Die Kartoffeln schälen, grob raspeln, leicht salzen und etwas ausdrücken.

5. Die Fischfilets auf der Oberseite mit dem Senf bestreichen und mit je einem Viertel der Kartoffelmasse belegen.

6. Die Filets in einer beschichteten Pfanne in dem Öl bei mittlerer Hitze sechs bis acht Minuten auf der Kartoffelseite anbraten, wenden und ca. eine Minute fertig braten.

7. Währenddessen die Pilze in dem Butterschmalz braten. Einen Großteil des Schnittlauchs hinzufügen und das Ganze salzen.

8. Die restliche Sahne steif schlagen, zum Wirsing geben und das Gemüse mit Muskat und Salz abschmecken. Den Seelachs und die Pilze auf dem Gemüse anrichten, mit dem restlichen Schnittlauch garnieren und servieren.

Zutaten:

für 4 Personen

2 Schalotten
2 Knoblauchzehen
500 g Tomaten
1 Bund Thymian
4 EL Olivenöl
200 ml Rotwein
2 EL Tomatenmark
2 Sternanis
1 Prise Zucker
1 unbehandelte Orange
500 g Seeteufelfilet
Salz
Pfeffer

Seeteufel

Man findet den teuflisch aussehenden **Raubfisch** vor allem im **Atlantik** und im **Mittelmeer.** Dort jagt er in bis zu 1000 Metern Tiefe mit seiner „**Angel**“, einem angelartigen Fortsatz. Die Angel lockt die Beutetiere so nah heran, dass er nur noch zuschnappen muss. Manchmal jagt er sogar den einen oder anderen Seevogel an der Wasseroberfläche. Seeteufel werden bis zu 2 m lang und 40 kg schwer, normalerweise haben sie jedoch eine Größe von 50 bis 60 cm.

Ihr **festes**, **mageres** und bis auf die Mittelgräte **grätenfreies Fleisch** ist besonders in Europa sehr beliebt. Im Handel bekommt man meist nur noch das Schwanzstück zu sehen, da der Kopf wegen seines abschreckenden Aussehens gerne vorher entfernt wird. Seeteufelfilets sind oft von einer **dünnen Membran** überzogen, die man zuerst **entfernen** muss, damit sich das Schwanzstück beim Garen nicht krümmt.

Seeteufel auf Tomaten-Anis-Soße

Zubereitung:

1. Die Schalotten und den Knoblauch schälen und fein würfeln. Die Tomaten häuten und in Spalten schneiden. Den Thymian waschen, trocken schütteln und von den Stielen zupfen.
2. Zwei Esslöffel von dem Olivenöl erhitzen und die Schalotten- und Knoblauchwürfel darin andünsten.
3. Die Tomatenspalten hinzufügen und kurz mitdünsten. Den Wein, das Tomatenmark, den Sternanis, Zucker, Salz und Pfeffer hinzufügen.
4. Die Orange waschen, die Schale abreiben, den Saft auspressen und sowohl den Saft als auch einen Großteil der Schale zur Soße geben. Dann die Soße 15 Minuten köcheln lassen.
5. Das Seeteufelfilet unter kaltem, fließendem Wasser abwaschen, trocken tupfen und in mittelgroße Stücke schneiden.
6. Das restliche Olivenöl erhitzen und die Fischfiletstücke darin rundherum anbraten. Anschließend die Fischstücke zur Soße geben und darin drei Minuten garen.
7. Die Fischstücke mit der Soße auf Tellern anrichten, mit der restlichen abgeriebenen Orangenschale und dem Thymian garnieren und servieren. Dazu passt Olivenbrot.

Seezungenröllchen und Jakobsmuscheln im Orangenschaum

Zutaten:

für 4 Personen

1 Bund Kerbel
1 Bund Estragon
4 Eigelb
3 unbehandelte Orangen
250 ml Weißwein
1 Prise Zucker
8 Jakobsmuscheln
4 Seezungenfilets à 80 g
50 g Butterschmalz
Salz
Pfeffer
etwas Salbei zum Garnieren

Zubereitung:

1. Die Kräuter waschen, trocken schütteln und einen Großteil fein schneiden. Die restlichen Kräuter zum Garnieren beiseitestellen.

2. Die Eigelbe in eine Metallschüssel geben.

3. Die Orangen waschen und die Schale einer Orange mit einem Zestenreißer dünn abschälen. Die zweite Orange dick abschälen und in feine Scheiben schneiden. Den Saft der ersten und dritten Orange auspressen.

4. Die Orangenzesten, den Orangensaft und 150 ml von dem Wein zu den Eigelben geben, über dem heißen Wasserbad aufschlagen und Zucker sowie Salz hinzufügen.

5. Die Jakobsmuscheln und die Fischfilets unter kaltem, fließendem Wasser abwaschen, trocken tupfen und mit Salz sowie Pfeffer würzen.

6. Die Hälfte der geschnittenen Kräuter auf die Seezungenfilets geben, diese aufrollen und mit Zahnstochern feststecken.

7. Das Butterschmalz in einer Pfanne erhitzen. Die Seezungenröllchen und Jakobsmuscheln darin rundherum anbraten.

8. Die restlichen geschnittenen Kräuter hinzufügen, alles mit dem restlichen Weißwein ablöschen und abgedeckt ca. drei Minuten weiterdünsten.

9. Jeweils ein Seezungenröllchen und zwei Jakobsmuscheln auf Tellern verteilen und mit der Orangensoße, den Orangenscheiben, dem Salbei und den beiseitegestellten Kräutern garniert servieren.

Seezunge

Die Seezunge ist zusammen mit dem Steinbutt der wohl delikateste Speisefisch der Welt. Sie gehört zur artenreichen Gruppe der Plattfische. Als typischer **Grundfisch** vergräbt sie sich am Tag im Meeresboden und geht nachts auf Beutefang. Ihr Lebensraum ist der **östliche Atlantik** und das **Mittelmeer**.

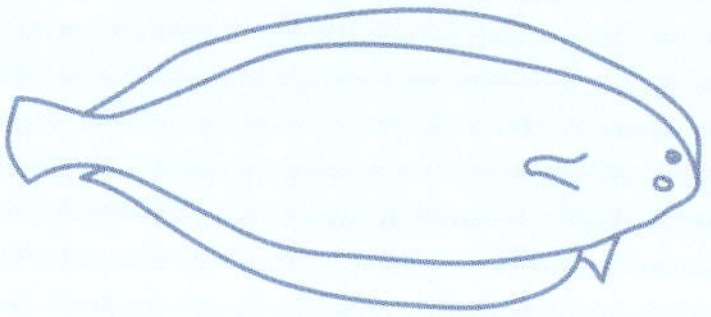

Der beliebte Edelfisch hat einen **ovalen Körper** mit einem **kurzen gerundeten Kopf** und sehr kleinen Nasenlöchern. Beide Augen liegen auf der rechten Seite und **zwei Flossen** umranden auf beiden Seiten den kompletten Körper. Seezungen erreichen eine Länge von 50 bis 60 cm und wiegen im Durchschnitt zwischen 400 und 800 g.

Ihr **zartes**, wohlschmeckendes **Fleisch** ist **grätenfrei**. Am besten schmeckt es ein bis zwei Tage nach dem Fang. Dann ist es besonders zart und entfaltet seinen einzigartigen Geschmack voll und ganz.

Bouillabaisse

Zutaten:
für 4 Personen

1 Bund Suppengrün
1 Zwiebel
250 g Staudensellerie
300 g Tomaten
4 Knoblauchzehen
1 Chilischote
1 unbehandelte Orange
4 EL Olivenöl
300 ml Weißwein
1 Seezunge und 1 Goldbrasse (vom Fischhändler jeweils filetieren lassen und die Gräten für den Fischfond verwenden)
400 g Seeteufelfilet
2 Döschen Safran
Salz
Pfeffer
etwas glatte Petersilie zum Garnieren

Zubereitung:

1. Das Suppengrün putzen, waschen, gut abtropfen lassen und fein würfeln. Die Zwiebel schälen und fein würfeln. Den Staudensellerie waschen, putzen und in kleine Stücke schneiden.

2. Die Tomaten häuten und würfeln. Den Knoblauch schälen und fein würfeln. Die Chilischote waschen, entkernen und fein hacken.

3. Die Orange waschen und die Hälfte der Orangenschale abreiben. Die restliche Orange in Scheiben schneiden.

4. Für den Fischfond zwei Esslöffel von dem Öl erhitzen. Das Suppengrün, die Zwiebel und die Chili darin dünsten. Alles mit 1,5 Litern Wasser und dem Wein auffüllen und mit Salz sowie Pfeffer würzen.

5. Die Fischgräten hinzufügen und das Ganze zugedeckt ca. 20 Minuten dünsten. Anschließend den Fischfond durch ein Sieb abgießen.

6. Die Fischfilets unter kaltem, fließendem Wasser abwaschen, trocken tupfen und in mundgerechte Stücke schneiden.

7. Das restliche Olivenöl erhitzen. Die Selleriestücke und Tomatenwürfel andünsten und mit dem Fischfond ablöschen. Die abgeriebene Orangenschale, die Orangenscheiben und den Safran hinzufügen und alles fünf Minuten kochen.

8. Das Seeteufelfilet drei Minuten im Fischsud ziehen lassen. Anschließend das Seezungen- und das Goldbrassenfilet hinzufügen und weitere drei bis vier Minuten dünsten.

9. Die Bouillabaisse in tiefe Teller füllen und mit ein paar Petersilienblättchen garnieren. Dazu Baguette und nach Belieben Aioli servieren.

Gekräutertes Steinbeißerfilet auf Zuckerschoten

Zutaten:

für 4 Personen

600 g Steinbeißerfilet
30 g Ingwer
3 Knoblauchzehen
1 unbehandelte Zitrone
8 EL süß-pikante Chilisoße (Fertigprodukt)
1 Bund Karotten
250 g Zuckerschoten
½ Bund Thai-Basilikum aus dem Asia-Laden
½ Bund Koriander
2 EL Öl
6 EL asiatische Fischsoße (Fertigprodukt)
150 ml Gemüsebrühe
Salz

Zubereitung:

1. Das Steinbeißerfilet unter kaltem, fließendem Wasser abwaschen, trocken tupfen und in 5 bis 7 cm große Stücke schneiden.

2. Den Ingwer und den Knoblauch schälen und fein würfeln. Die Zitrone waschen, die Schale grob abreiben und den Saft aus der Zitrone herauspressen.

3. Vier Esslöffel von der Chilisoße, jeweils die Hälfte des Ingwers, des Knoblauchs, der Zitronenschale und des Zitronensafts miteinander verrühren. Die Fischfiletstücke damit bestreichen und salzen.

4. Die Karotten und die Zuckerschoten waschen, die Karotten schälen, längs halbieren und in feine Scheiben schneiden. Das Thai-Basilikum und den Koriander waschen, trocken schütteln und fein schneiden.

5. Das Öl in einem Topf erhitzen und das Gemüse darin andünsten. Die Reste der Chilisoße, des Ingwers, des Knoblauchs, der Zitronenschale und des Zitronensafts sowie die Fischsoße, die Gemüsebrühe und etwas Salz hinzufügen und alles zugedeckt ca. zwei Minuten dünsten.

6. Die Fischfiletstücke auf das Gemüse geben und weitere drei bis vier Minuten zugedeckt dünsten.

7. Anschließend mit dem Thai-Basilikum und dem Koriander bestreuen, abschmecken und mit Basmatireis servieren.

Steinbeißer/Katfisch

Die fünf existierenden Arten von Steinbeißern sind in den **kalten Meeren der Nordhalbkugel** zuhause. Am wohlsten fühlen sich die eher ruhigen, trägen Tiere bei Temperaturen unter 14° C. Sie sind **Grundfische**, die sich am liebsten in einer Meerestiefe von 20 bis 500 m aufhalten.

Ihr Furcht erregendes Gebiss, das im Winter immer wieder nachwächst, gleicht dem eines Raubtieres. Damit knacken sie Seeigel, Krebse, Muscheln usw. Ihr **außergewöhnliches Gebiss** hat den Steinbeißern auch den Namen „Seewolf" eingetragen. Sie werden bis zu 1,20 m lang und 25 kg schwer und können 25 Jahre alt werden.

Vor allem der Gefleckte und der Gestreifte Steinbeißer sind sehr geschätzte Speisefische, deren **Fleisch hell**, **fest** und wohlschmeckend ist.

Zutaten:
für 4 Personen

Für die Sesamkartoffeln:
600 g Kartoffeln
1 EL Olivenöl
3 EL Sesam
Salz

Für den Quarkdip:
500 g Magerquark
150 g Crème fraîche
5 EL Milch
2 Knoblauchzehen
1 Bund Basilikum
Salz

Für die Fischspieße:
600 g Steinbeißerfilet
1 unbehandelte Zitrone
1 Bund glatte Petersilie
1 Knoblauchzehe
3 EL Olivenöl
3 EL Tomatenmark
Salz
Pfeffer

Piratenspieß mit Sesamkartoffeln und Quarkdip

Zubereitung:

1. Den Backofen auf 200° C, Gas Stufe 3–4, Umluft 180° C vorheizen. Die Kartoffeln waschen, schälen und je nach Größe längs vierteln oder sechsteln.

2. Anschließend die Kartoffeln auf ein Backblech geben, mit dem Öl beträufeln, mit dem Sesam und Salz bestreuen und im vorgeheizten Backofen ca. 30 Minuten goldbraun backen.

3. Für den Dip den Quark, die Crème fraîche und die Milch in eine Schüssel geben.

4. Den Knoblauch schälen und durchpressen. Das Basilikum waschen, trocken schütteln und fein schneiden. Den Knoblauch und das Basilikum der Quarkmischung hinzufügen, mischen und mit etwas Salz abschmecken.

5. Für die Spieße das Steinbeißerfilet unter kaltem, fließendem Wasser abwaschen, trocken tupfen, in Würfel schneiden, diese mit etwas Salz bestreuen und auf die Holzspieße stecken.

6. Die Zitrone waschen, die Schale abreiben und den Saft aus der Zitrone pressen. Die Petersilie waschen, trocken schütteln und fein hacken. Den Knoblauch schälen und fein würfeln.

7. Petersilie, Knoblauch, einen Esslöffel von dem Olivenöl, Tomatenmark, Zitronenschale und -saft miteinander verrühren und mit Salz sowie Pfeffer würzen.

8. Das restliche Olivenöl erhitzen und die Fischspieße rundherum ca. zwei Minuten braten. Anschließend den Fisch vorsichtig mit der Tomaten-Kräuterpaste bestreichen und ein bis zwei Minuten weiterbraten.

9. Die fertigen Piratenspieße mit den Sesamkartoffeln und dem Quarkdip auf Tellern anrichten und servieren.

Steinbuttfilet auf Mandel-Couscous

Zutaten:
für 4 Personen

1 Bund Karotten
200 g Lauch
200 g getrocknete Aprikosen
100 g ganze Mandeln
1 Zimtstange
1 Sternanis
3 Kardamomkapseln
2 Knoblauchzehen
2 TL Korianderkörner
1 kleiner Bund glatte Petersilie
½ Bund Minze
1 Zitrone
800 g Steinbuttfilet
30 g Butter
40 g Butterschmalz
350 g vorgegarter Couscous (Fertigprodukt)
Salz

Zubereitung:

1. Die Karotten waschen, schälen und in schräge Scheiben schneiden. Den Lauch putzen, waschen, längs halbieren und in 5 cm lange, schräge Stücke schneiden.

2. Die Aprikosen halbieren, die Mandeln grob hacken und in einer beschichteten Pfanne goldbraun rösten. 450 ml Wasser mit der Zimtstange, dem Sternanis, den zerstoßenen Kardamomkapseln, einem kleinen gestrichenen Teelöffel Salz und den Aprikosenhälften ca. fünf Minuten kochen.

3. Den Knoblauch schälen und würfeln und die Korianderkörner mit dem Mörser zerstoßen. Die Petersilie und die Minze waschen, trocken schütteln und grob hacken. Ein wenig von der ungehackten Petersilie für die Garnierung aufheben.

4. Die Zitrone waschen und den Saft auspressen. Das Steinbuttfilet unter kaltem, fließendem Wasser abwaschen, trocken tupfen, in vier Portionen teilen, mit etwas Zitronensaft beträufeln und salzen.

5. Die Butter erhitzen und die Karottenscheiben und Lauchstücke darin dünsten. Alles mit 125 ml des Zimtsuds ablöschen und mit den Aprikosenhälften zugedeckt ca. sieben Minuten dünsten.

6. Das Butterschmalz erhitzen, die Steinbuttfiletstücke mit den zerstoßenen Korianderkörnern und den Knoblauchwürfeln bestreuen und in der Pfanne von beiden Seiten insgesamt fünf Minuten braten.

7. Inzwischen den Couscous nach Packungsanweisung mit dem restlichen Zimtsud garen. Das Gemüse, die gerösteten Mandeln, die gehackte Petersilie und Minze unter den Couscous heben und mit den Filetstücken auf Tellern anrichten. Alles mit den Petersilienblättchen garnieren und servieren.

Steinbutt

Der Plattfisch ist neben der Seezunge der schmackhafteste Speisefisch der Welt. Er lebt in Küstennähe im **Nordostatlantik, Mittelmeer** und **Schwarzen Meer.** Dort hält er sich meist in 20 bis 70 Metern Tiefe am Meeresgrund auf.

Sein Körper ist geformt wie eine Diskusscheibe und die **Färbung seiner Oberseite kann er der Umgebung anpassen**. Seinen Namen trägt er aufgrund großer Knochenhöcker, die auf seiner Haut wachsen. Ein Steinbutt kann bis zu 22 Jahre alt sowie 1 m lang werden und bis zu 12 kg wiegen.

Das **absolut grätenfreie** Fleisch des Steinbutts ist eine Delikatesse. Es ist **dickfleischig**, **saftig** und hat einen unbeschreiblichen Geschmack, weshalb der Steinbutt auch nicht ganz billig ist. Außerdem hat das Steinbuttfleisch den Vorteil, dass es auch nach dem Garen praktisch nicht trocken wird und saftig bleibt.

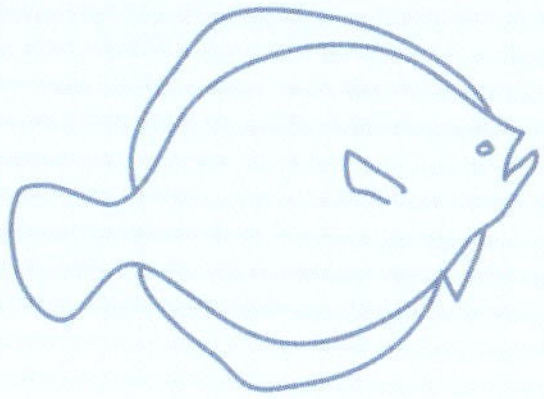

Thunfisch

Der Lebensraum der Thunfische erstreckt sich über alle **wärmeren Zonen der Weltmeere**, in denen Temperaturen über 10° C herrschen. Die häufigsten Vertreter der artenreichen Familie sind der Echte Bonito oder Skipjack und der Gelbflossenthun.

Alle Thunfischarten sind **Wanderfische**, die auf ihrer Nahrungssuche Strecken mit tausenden von Kilometern zurücklegen. Dabei erreichen sie Geschwindigkeiten von bis zu 50 km/h. Der kraftvolle Thunfischkörper ist **torpedoartig geformt**. Seine Länge schwankt je nach Art zwischen 70 und 300 cm, sein Gewicht zwischen 5 und 300 kg.

Der Thunfisch war als Speisefisch bereits in der Antike sehr beliebt. Das **dunkelrote, fettreiche Fleisch** ähnelt geschmacklich Kalbfleisch und enthält reichlich **Omega-3-Fettsäuren**.

Rosa gebratenes Thunfischfilet mit Limetten und Sesam

Zubereitung:

1. Das Thunfischfilet unter kaltem, fließendem Wasser abwaschen und trocken tupfen.
2. Die Limetten waschen, die Schale abreiben, den Saft aus ihnen herauspressen und auffangen. Den Thunfisch mit Limettensaft und -schale marinieren.
3. Die Pinienkerne in einer Pfanne leicht rösten. Den Rucola putzen, waschen, in grobe Stücke zupfen und gut abtropfen lassen.
4. Den Knoblauch schälen und fein würfeln. Die Zucchini waschen, schadhafte Stellen herausschneiden und die Zucchini fein würfeln.
5. Die Bandnudeln nach Packungsanweisung zubereiten. Inzwischen zwei Esslöffel Olivenöl erhitzen. Die Knoblauch- und Zucchiniwürfel hinzufügen und kurz anbraten.
6. Den Thunfisch aus der Marinade nehmen und mit etwas Küchenkrepp abtupfen. Die Marinade beiseitestellen.
7. Den Thunfisch mit dem Sesam und etwas Salz bestreuen, das restliche Öl erhitzen und den Thunfisch darin insgesamt drei Minuten von beiden Seiten braten. Achtung: Der Kern der Thunfischfilets sollte noch rosa sein!
8. Den Thunfisch mit der Limettenmarinade ablöschen und nochmals etwas salzen.
9. Die fertigen Bandnudeln mit den Knoblauch- und Zucchiniwürfeln, dem Rucola und den Pinienkernen mischen und zusammen mit dem Thunfisch servieren.

Zutaten:
für 4 Personen

4 Scheiben Thunfischfilet (insgesamt 600 g)
2 unbehandelte Limetten
50 g Pinienkerne
100 g Rucola
2 Knoblauchzehen
150 g Zucchini
500 g Bandnudeln
4 EL Olivenöl
50 g Sesam
Salz

Thunfisch-Linguine mit karamellisierten Kirschtomaten

Zubereitung:

1. Die Linguine nach Packungsanweisung zubereiten, abschütten und gut abtropfen lassen.
2. In der Zwischenzeit die Kirschtomaten waschen, die Butter in einer kleinen Pfanne erhitzen und die Kirschtomaten darin kurz anbraten.
3. Die Pinienkerne hinzufügen und anrösten, die Kirschtomaten und die Pinienkerne mit dem Zucker bestreuen und leicht karamellisieren lassen. Dann alles mit Salz, Pfeffer und Chilipulver pikant würzen.
4. Den Thunfisch für Pasta in eine Schüssel geben und mit einer Gabel etwas zerkleinern.
5. Die Linguine und die Kirschtomaten-Pinienkern-Mischung zum Thunfisch geben, untermischen, mit ein paar Basilikumblättchen garnieren und alles zusammen auf Tellern servieren.

Zutaten:

für 4 Personen

300 g Linguine
300 g Kirschtomaten
2 TL Butter
3–4 EL Pinienkerne
2 TL Zucker
2 Dosen Saupiquet Thunfisch für Pasta „Pesto und Gemüse“ (160 g)
Salz
frisch gemahlener Pfeffer
Chilipulver
etwas Basilikum zum Garnieren

Zutaten:

für 4 Personen

1,2 kg gelbfleischiger Kürbis, z. B. Hokkaido
250 g Lauch
40 g Ingwerknolle
1 rote Chilischote
2 unbehandelte Limetten
600 g Tilapiafilet
1 Bund Koriander
3 EL Sonnenblumenöl
1 Dose Kokosmilch (400 ml)
125 ml Gemüsebrühe
Salz

Tilapia

Die etwa 1000 Arten des Tilapia gehören zur Familie der Buntbarsche. Ihr Lebensraum sind die tropischen und subtropischen Gewässer **Afrikas**, **Madagaskars**, **Südamerikas** und **Asiens**. Am häufigsten kommen sie in afrikanischen Gewässern vor.

Der Tilapia benötigt relativ hohe Wassertemperaturen zwischen 20 und 30° C, da er sehr kälteempfindlich ist. Er kann bis zu 6 kg wiegen und 50 cm lang werden. Einige der Tilapia-Arten sind **Maulbrüter**, d. h., dass die Larven im Maul des Weibchens heranwachsen. Die Körperformen der Tilapia-Arten reichen von **scheibenförmig** bis **hechtartig**.

Tilapiafleisch ist von guter Qualität und hat einen **zarten**, **fein-süßlichen** Geschmack. Es erinnert in Geschmack und Konsistenz an Hühnchen.

Tilapiafilet auf Ingwer-Kürbis-Gemüse

Zubereitung:

1. Den Kürbis waschen, abtrocknen, halbieren und das faserige Fruchtfleisch und die Kerne entfernen. Den Kürbis vierteln, schälen und in feine Scheiben schneiden.
2. Den Lauch putzen, waschen und in Ringe schneiden. Den Ingwer waschen, schälen und sehr fein würfeln. Die Chilischote waschen, entkernen und fein hacken.
3. Die Limetten waschen, ihre Schale mit einer Reibe dünn abreiben und den Saft aus den Limetten herauspressen.
4. Die Tilapiafilets unter kaltem, fließendem Wasser abwaschen, trocken tupfen und in 5 cm große Stücke schneiden. Die Filets jeweils mit der Hälfte der Ingwerwürfel, der gehackten Chili, der Limettenschale und des Limettensafts marinieren.
5. Den Koriander waschen, trocken schütteln und den Großteil fein schneiden. Zwei Esslöffel von dem Sonnenblumenöl in einem Topf erhitzen und die Kürbisscheiben, die Lauchringe, die Reste der Ingwerwürfel und der gehackten Chili darin andünsten.
6. Das Ingwer-Kürbis-Gemüse mit der Kokosmilch und der Gemüsebrühe ablöschen und salzen. Den restlichen Limettensaft und die übrige Limettenschale hinzufügen und das Ganze vier bis fünf Minuten dünsten.
7. Inzwischen das restliche Öl in einer beschichteten Pfanne erhitzen. Die Fischfiletstücke mit etwas Küchenkrepp abtupfen, salzen und in dem erhitzten Öl drei bis vier Minuten von beiden Seiten braten.
8. Das Ingwer-Kürbis-Gemüse mit dem geschnittenen Koriander abschmecken. Die gebratenen Fischfiletstücke mit dem Ingwer-Kürbis-Gemüse auf Tellern anrichten und mit ein paar Korianderblättchen garnieren. Dazu können Sie Thai-Nudeln servieren.

Meeresfrüchte-Paella

Zutaten:

für 4 Personen

2 Zwiebeln
1 kleine Knoblauchzehe
1 Briefchen Safranfäden
60 ml Olivenöl
500 ml Hühnerbrühe
250 g USA-Langkornreis Parboiled
1 Tomate
je ½ rote und grüne Paprikaschote
100 g TK-Erbsen
200 g TK-Meeresfrüchte-Mischung (z. B. mit Muscheln, Surimi, Garnelen)
150 g Tintenfisch (frisch oder tiefgekühlt)
200 g gewürfeltes Fischfilet (z. B. Kabeljau oder Schellfisch, frisch oder tiefgekühlt)
2 EL Butter
Salz
ein paar Basilikumstreifen zum Garnieren

Zubereitung:

1. Wenn Sie TK-Tintenfisch und TK-Fischfilet verwenden, nehmen Sie sie rechtzeitig aus dem Gefrierschrank und lassen Sie sie auftauen.
2. Die Zwiebeln und den Knoblauch schälen, hacken und mit dem Safran im heißen Öl anschwitzen.
3. Die Hühnerbrühe hinzufügen und zusammen aufkochen. Dann den Reis dazugeben und das Ganze zugedeckt bei schwacher Hitze 15 bis 20 Minuten garen, bis der Reis die Flüssigkeit aufgenommen hat.
4. Inzwischen die Tomate überbrühen, häuten und klein schneiden. Die Paprikaschoten halbieren, entkernen, waschen und würfeln.
5. Die Tomaten- und Paprikastücke mit den Erbsen für die letzten zehn Minuten der Garzeit zum Reis geben und mitgaren.
6. Die aufgetauten Meeresfrüchte, den Tintenfisch und die Fischfiletwürfel in der heißen Butter anbraten.
7. Die Reispfanne nach Belieben mit Salz abschmecken, zusammen mit den Meeresfrüchten, dem Tintenfisch und dem Fischfilet auf Tellern anrichten, mit den Basilikumstreifen garnieren und servieren.

Tintenfisch

Tintenfische gehören zusammen mit den Sepien und den Kalmaren zu den **Kopffüßlern**. Im umgangssprachlichen Gebrauch wird der Begriff Tintenfisch meist als Oberbegriff für alle Arten verwendet, was jedoch nicht richtig ist. Tintenfische sind **Weichtiere**, d. h., sie sind näher mit den Schnecken als mit den Fischen verwandt. Man findet sie in allen **Weltmeeren.**

Sie sind intelligent, lernfähig und verfügen über ein Gedächtnis. Ihre **Färbung** können sie zur Tarnung blitzschnell **ihrer Umgebung anpassen**. Sie haben einen Kiefer, der dem **Schnabel eines Papageis** ähnelt. Ihre acht oder zehn **Fangarme** haben Saugnäpfe, mit denen sie ihre Beute fangen und sich fortbewegen. Ein Großteil der Tintenfische hat auch einen Tintensack. Werden sie angegriffen, stoßen sie die **Tinte** aus und machen sich aus dem Staub.

Tintenfische haben einen wunderbaren, **hummerähnlichen Geschmack**. Kaufen Sie lieber **kleinere Exemplare**, die sind viel zarter als die großen. Aufgrund ihrer Zähigkeit müssen Tintenfische grundsätzlich lange über schwacher Hitze gegart werden. Wenn Sie Tintenfisch im Ganzen frisch vom Markt kaufen, achten Sie darauf, dass die Arme **zwei Saugnapfreihen** haben. Haben sie nur eine Reihe, handelt es sich um eine weniger delikate Unterart.

Viktoriasee-Barsch

Der Viktoriasee-Barsch wird aus dem Viktoriasee in **Afrika** gefischt. Eigentlich heißt er Nilbarsch, weil er ursprünglich in den Stromgebieten des Nil beheimatet war. Mitte der 50er-Jahre wurde er jedoch unter anderem auch im Viktoriasee und anderen Seen in **Zentralafrika** künstlich angesiedelt.

Er ist ein gefräßiger **Raubfisch**, der bis zu 2 m lang und 150 kg schwer werden kann. Er hat eine **silberne** Färbung und eine **gerundete Schwanzflosse** wie alle Glasbarsche.

Er ist ein hervorragender Speisefisch mit **zartem**, **saftigem Fleisch**.

Viktoriasee-Barsch mit Orangensoße

Zubereitung:

1. Den Reis in 400 ml kochendes Salzwasser geben und zugedeckt bei schwacher Hitze 15 bis 20 Minuten garen, bis der Reis die Flüssigkeit aufgenommen hat.
2. Die Karotten, den Knollensellerie und den Lauch waschen, putzen und alle drei in sehr feine Streifen schneiden.
3. Einen Esslöffel von der Butter zerlassen. Das Curry- und Knoblauchpulver sowie etwas Pfeffer darin eine Minute anbraten.
4. Die Karotten-, Sellerie- und Lauchstreifen hinzufügen und kurz anschwitzen. Die Orangenschale, 80 ml von dem Orangensaft, die Hühnerbrühe und den Sherry dazugeben.
5. Die Soße aufkochen und ein wenig einkochen lassen. Die Speisestärke in wenig Wasser anrühren und die Soße damit leicht andicken.
6. Die Zwiebel schälen, den Staudensellerie putzen und waschen und beides fein hacken. Einen weiteren Esslöffel von der Butter erhitzen und die Zwiebel sowie den Staudensellerie darin glasig dünsten.
7. Die eingeweichten Sultaninen aus dem Wasser nehmen und gut abtropfen lassen. Die Kokosraspel und die Mandelblättchen in einer Pfanne ohne Fett anrösten.
8. Kokosraspel, Mandelblättchen, Zwiebel- und Staudenselleriestückchen sowie die abgetropften Sultaninen unter den fertigen Reis heben.
9. Die Fischfilets unter kaltem, fließendem Wasser abwaschen, trocken tupfen, mit dem restlichen Orangensaft beträufeln, salzen und in dem Paniermehl wenden.
10. Die Fischfilets in der restlichen heißen Butter von beiden Seiten braten, mit Reis und Soße anrichten und mit Kerbel und Orangenzesten garniert servieren.

Zutaten:

für 4 Personen

200 g USA-Langkornreis Parboiled
100 g Karotten
100 g Knollensellerie
1 kleine Stange Lauch
4 EL Butter
1 Msp. Currypulver
1 Msp. Knoblauchpulver
1 Msp. unbehandelte Orangenschale
200 ml Orangensaft
300 ml Hühnerbrühe
40 ml trockener Sherry (ersatzweise Brühe)
2 TL Speisestärke
1 kleine Zwiebel
1 Stange Staudensellerie
25 g in Wasser eingeweichte Sultaninen
1 EL Kokosraspel
20 g Mandelblättchen
4 Viktoriasee-Barsch-Filets à ca. 160 g (frisch oder TK)
4–6 EL Paniermehl
Salz
Pfeffer
etwas Kerbel und Orangenzesten zum Garnieren

Welsfilet mit Zitronen-Zabaione

Zutaten:
für 4 Personen

500 g junge Karotten
½ TL Zucker
200 g Wildreismischung
2 unbehandelte Zitronen
1 Bund glatte Petersilie
4 Welsfilets mit Haut à 200 g
2 TL Meersalz
etwas Mehl

3 EL Butter
1 EL Pflanzenöl
200 ml trockener Weißwein oder Sekt
4 Eigelb
1 TL Puderzucker
4 gekochte Flusskrebse
Salz

Zubereitung:

1. Die Karotten putzen, waschen, schälen und in wenig Salzwasser mit dem Zucker 10 bis 15 Minuten garen.
2. Den Reis nach Packungsanweisung zubereiten, abschütten und gut abtropfen lassen. Die Zitronen waschen, von der Schale Zesten abziehen, den Saft auspressen und auffangen.
3. Die Petersilie waschen, trocken schütteln, von den Stielen zupfen und den Großteil grob hacken.
4. Die Welsfilets unter kaltem, fließendem Wasser abwaschen, trocken tupfen, leicht mit dem Meersalz bestreuen und mit dem Mehl bestäuben.
5. Zwei Esslöffel der Butter und das Öl in einer großen Pfanne erhitzen und die Filets zuerst auf der Fleisch-, dann auf der Hautseite je drei bis fünf Minuten braten. Die Filets vom Herd nehmen und mit Alufolie bedeckt warm halten.
6. Für die Zabaione den Wein bzw. Sekt, eine Prise Salz, die Eigelbe und den Puderzucker in einer Metallschüssel mit dem Schneebesen schaumig rühren.
7. Die Zabaione auf einem heißen, nicht kochenden Wasserbad so lange weiterschlagen, bis ein luftiger Schaum entsteht, dann mit Salz und dem Zitronensaft abschmecken und warm halten.
8. Die Krebse in einen kleinen Topf geben, das Karottenwasser darüber abgießen und die Krebse kurz im Sud ziehen lassen.
9. Die Karotten in der restlichen Butter schwenken und mit der gehackten Petersilie bestreuen.
10. Karotten, Reis, Welsfilets und Krebse auf Tellern anrichten und die Zabaione darübergeben. Alles mit der Zitronenschale und den Petersilienblättchen garnieren und servieren.

Wels

Zur Familie der Welse gehören viele unterschiedliche Arten. Sie sind **nachtaktive Raubfische**, die sich tagsüber am Grund verstecken. Sie fühlen sich in großen warmen Seen und langsam fließenden Flüssen wohl. Am häufigsten findet man sie in **Mittel- und Osteuropa**, aber auch in der **Ostsee** und im **Schwarzen Meer**.

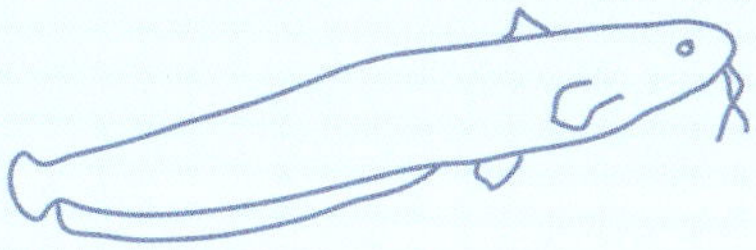

Welse haben einen länglichen, meist **bräunlich marmorierten** Körper mit **hellem Bauch**. Sie sind Breitmäuler mit einem flachen Kopf, zwei langen **Bartfäden** am Oberkiefer und vier kurzen an der Unterlippe. Daher hat er seinen Namen „Katzenfisch". Der Wels ist der größte europäische **Süßwasserfisch**. Er kann bis zu 3 m lang und 200 kg schwer werden.

Welsfleisch ist **fest**, **weiß**, hat **wenig Gräten** und einen **feinen, milden Geschmack**. Welse haben keine Schuppen, dafür aber eine raue Haut. Größere Exemplare ab ca. 10 kg sind sehr **fett**.

Pochiertes Wolfsbarschfilet in Kartoffel-Steinpilz-Suppe

Zutaten:

für 4 Personen

4 Wolfsbarschfilets ohne Haut (insgesamt 500 g)
1 Bund Kerbel
500 g Kartoffeln
1 kleiner Bund Frühlingszwiebeln
250 g frische Steinpilze (alternativ: 25 g getrocknete Steinpilze)
30 g Butter
2 Gläser Hummerfond à 400 ml
200 ml Weißwein
200 ml süße Sahne
Salz
Pfeffer

Zubereitung:

1. Die Fischfilets unter kaltem, fließendem Wasser abwaschen, trocken tupfen und längs halbieren.
2. Den Kerbel waschen, trocken schütteln, von den Stielen zupfen und fein schneiden. Die Hälfte davon auf die Fischfilets geben und die Filets aufrollen.
3. Die Kartoffeln waschen, schälen und würfeln. Die Frühlingszwiebeln waschen, putzen und in feine Ringe schneiden.
4. Die Steinpilze abbürsten, schlechte Stellen abschneiden und die Pilze klein schneiden. Getrocknete Steinpilze müssen vorher rechtzeitig nach Packungsanweisung vorbereitet werden.
5. Die Hälfte der Butter in einem Topf erhitzen und die Kartoffeln sowie die Hälfte der Frühlingszwiebeln darin andünsten.
6. Das Ganze mit 700 ml von dem Hummerfond und 125 ml von dem Wein ablöschen. Alles mit Salz und Pfeffer kräftig würzen und zugedeckt 20 Minuten dünsten. Dann die Sahne zufügen und die Suppe pürieren.
7. Die Steinpilze und die restlichen Frühlingszwiebeln in der restlichen Butter kurz andünsten, dann zur Suppe geben und weiterköcheln lassen.
8. Die Fischröllchen in einen Topf setzen, mit dem restlichen Hummerfond und Wein begießen und zugedeckt ca. vier bis fünf Minuten pochieren.
9. Den Großteil des restlichen Kerbels zur Suppe geben und diese nochmals kräftig abschmecken. Die Fischröllchen mit der Suppe auf Tellern anrichten und mit dem übrigen Kerbel garnieren.

Wolfsbarsch

Der Wolfsbarsch gehört zur Familie der Meerbarsche. Sie sind gefräßige **Raubfische.** Sie halten sich in kleinen Schwärmen in der Nähe von wärmeren Felsenküsten und in größeren Flussmündungen auf. Man trifft sie am häufigsten südlich der **Britischen Inseln**, aber auch an den **Mittelmeerküsten** und im **Schwarzen Meer** an.

Wolfsbarsche haben einen **dunkelgrauen Rücken** und **silbergraue Flanken**. Als besonderes Kennzeichen haben sie auf den Kiemendeckeln **dunkle Flecken**. Sie werden ca. 80 cm lang und 5 bis 7 kg schwer. Weibchen können sogar bis zu 10 kg schwer werden.

Der Wolfsbarsch hat einen legendären Ruf als Speisefisch. In Frankreich findet man ihn auf allen Speisekarten als „**Loup de mer**". Er verfügt über ausgezeichnetes, **mageres** und **festes weißes Fleisch** mit einem feinen, milden Geschmack.

Zander

Der Zander hat seinen Lebensraum in den Flüssen und Seen **Nord-, Ost- sowie Mitteleuropas** und auch in salzarmen Wasserregionen der **Ostsee**. Der schnellwüchsige **Raubfisch** gehört zur Familie der Barsche, ähnelt jedoch in seinem Aussehen eher dem Hecht.

Der schlanke, gestreckte Körper hat einen **blassgrünlichen** Rücken mit **dunklen Streifen** und harte, **stachelige Rückenflossen**. Zander können bis zu 1,30 m lang werden und ein Gewicht von 10 kg an den Tag legen.

Der Zander gehört mit seinem **aromatischen Fleisch** zu den delikatesten Süßwasserfischen, die es gibt.

Zutaten:

für 4 Personen

2 Schalotten
30 g Butter
300 ml Hummerfond
200 ml Weißwein
1 Bund Kerbel
1–2 EL Soßenbinder, hell
150 ml süße Sahne
250 g Kartoffeln
500 g Zanderfilet
1 Ei
40 g Butterschmalz
Salz
Pfeffer

Zanderfilet auf Kerbelrahm

Zubereitung:

1. Für die Soße die Schalotten schälen, fein würfeln, in der Butter andünsten und mit dem Hummerfond sowie dem Wein ablöschen. Salz und Pfeffer zufügen und ca. fünf Minuten köcheln lassen.
2. Inzwischen den Kerbel waschen, trocken schütteln und den Großteil fein schneiden. Den geschnittenen Kerbel zur Soße geben und die Soße mit dem Soßenbinder binden. Die Sahne steif schlagen.
3. Die Kartoffeln waschen, schälen und in feine Scheiben hobeln. Das Fischfilet unter kaltem, fließendem Wasser abwaschen, trocken tupfen, in vier gleich große Stücke schneiden und mit Salz sowie Pfeffer würzen.
4. Das Ei verquirlen, die Fischstücke darin wenden und schuppenartig mit den Kartoffelscheiben belegen.
5. Das Butterschmalz in einer beschichteten Pfanne erhitzen, die Filets mit der Kartoffelseite vorsichtig in die Pfanne legen und ca. drei Minuten bei milder Hitze braten. Dann vorsichtig wenden und weitere drei bis vier Minuten braten.
6. Die steif geschlagene Sahne zur Soße geben und kurz verrühren. Achtung: Die Soße darf nicht mehr kochen!
7. Die Kartoffel-Fischfilets auf Tellern verteilen, mit ein paar Kerbelblättchen garnieren und mit der Soße servieren.

Register

Genehmigte Lizenzausgabe
EDITION XXL GmbH
Fränkisch-Crumbach 2007
www.edition-xxl.de

Idee und Projektleitung: Sonja Sammüller
Layout, Satz und Umschlaggestaltung:
SAMMÜLLER KREATIV GmbH

ISBN (13) 978-3-89736-803-3
ISBN (10) 3-89736-803-X

Gedruckt auf maxisilk 135 g/qm, Igepa Artikel-Nr. 179

Bildnachweis

Wir danken folgenden Firmen für ihre freundliche Unterstützung:

Fisch-Informationszentrum (FIZ) e. V., Hamburg
32–33, 34–35, 36–37, 38–39, 40–41, 44–45, 48–49, 56–57, 60–61, 68–69, 70–71, 74–75, 76–77, 80–81, 82–83, 88–89, 90–91, 92–93, 94–95, 98–99, 100–101, 104–105, 106–107, 112–113, 114–115, 116–117, 118–119, 120–121, 122–123, 124–125, 126–127, 128–129, 130–131, 132–133, 136–137, 142–143, 144–145, 146–147

G. Poggenpohl, Wismar
42–43, 58–59, 84–85, 86–87, 102–103

MPR Dr. Muth Public Relations GmbH, Hamburg
– USA Peanuts 54–55
– USA Rice Federation 30–31, 50–51, 72–73, 108–109, 138–139, 140–141

Pleon GmbH, München
– MEGGLE 110–111

The Food Professionals Köhnen AG, Sprockhövel
– Kühne 52–53
– Koopmans 78–79
– Ostmann 62–63, 64–65, 96–97
– Saupiquet 134–135
– Uncle Ben's 46–47

Alle weiteren Fotos: SAMMÜLLER KREATIV GmbH